Werkstatt Neue Kultur

Telotopia

Gekürzte Fassung

Werkstatt Neue Kultur

Projekt- und Bildungs-Werkstatt für eine neue Kultur

Die festen Mitarbeiter:
Andreas Poggel: Mediation & Gewaltfreie Kommunikation
Christoph W. Rosenthal: Projekte – Forschung – Kunst

www.werkstatt-neue-kultur.net

Werkstatt Neue Kultur

Hg. Christoph W. Rosenthal & Andreas Poggel

Telotopia

Ein kulturarchitektonischer Entwurf einer wünschenswerten Kultur der Zukunft

Grundriss einer Telotopistik

Gekürzte Fassung
im Smart-Druck

Bibliografische Information der Deutschen Nationalbibliothek:
Die Deutsche Nationalbibliothek verzeichnet diese Publikation in der
Deutschen Nationalbibliografie; detaillierte bibliografische Daten sind
im Internet über http://dnb.dnb.de abrufbar.

Herstellung und Verlag:
BoD – Books on Demand, Norderstedt

ISBN 9 783751 997829

Aufriss

Eine wünschenswerte Kultur der Zukunft.

Der grandiose Vorteil, den wir heute bei allen Schwierigkeiten haben, besteht darin, dass wir uns nicht mehr mit historisch entstandenen Verhältnissen und Vorstellungen wie der Welt als Scheibe abfinden müssen. Mit dem Überblick über die Geschichte und die Humanevolution bis weit über die Primaten hinaus ist es inzwischen möglich, die entstandenen Irrtümer und Irrwege zu verstehen, und wir verfügen sowohl in menschlich-sozialer als auch in technisch-ökonomischer Hinsicht inzwischen über genügend Potential für eine wünschenswerte Kultur der Zukunft.

So manche haben damit schon privat und in kleineren Kreisen begonnen. Auch wir experimentieren auch persönlich seit längerer Zeit damit und können inzwischen auf einige Erfahrungen und Einsichten aufbauen. Es ist gut, wenn bestehende Freiräume und Möglichkeiten für Entwicklungen einer wünschenswerten Kultur der Zukunft genutzt werden.

Doch damit dies jedoch nicht bloß auf eine Ausbildung eigener Privilegien hinausläuft, worin schließlich ein Grund der historischen Problematik liegt, ist es von Bedeutung, eine Idee zu entwickeln, was eigentlich eine wünschenswerte Kultur im gesellschaftlichen Gesamtbestand ausmachen würde.

Jenseits des Privaten braucht es auf jeden Fall eine kulturarchitektonische Auseinandersetzung, wohin die gesellschaftliche Entwicklung eigentlich führen soll. Die bloße Idee, dass es >toll< werden soll, reicht nicht einmal für den Bau eines hier gängigen Einfamilien-Hauses. Eine solch kopflose „Praxis" reichte schon in der humanevolutionären Entwicklung nicht mehr. Darin unterschied sich der Mensch vom Tier.

Die humanevolutionäre Entwicklung wurde allein durch eine allgemein als wünschenswert betrachtete Kulturkonzeption möglich, und die historischen Probleme haben einen wesentlichen Grund darin, dass sich die „Praxis" verselbständigte.

Doch angesichts der Komplexität des menschlichen Gehirns schafft nur eine Kultur, die auf gemeinschaftlicher Kommunikation basiert, eine soziale Stabilität auf wünschenswertem Niveau über Jahrzehntausende. Exakt in dieser Entwicklung lag das Erfolgsgeheimnis der humanevolutionären Entwicklung mit ihrem Resultat in unserer Art Homo sapiens. Alles andere „nach den Schimpansen" verfiel dem Scheitern.

Es braucht für eine wünschenswerte Kultur der Zukunft einen kulturarchitektonischen Bauplan, in dem die statischen Anforderungen der menschlichen Anlage an Verhalten und Bedürfnissen im Gesamtgefüge in einer kommunizierbaren Form verarbeitet sind. Es müssen – und *dürfen* auch gar - nicht sämtliche Einzelheiten geklärt werden. Entscheidend ist die sachliche wie auch die soziale Klärung der kulturarchitektonischen Grundzüge und Verfassung.

Telotopia ist als Einstieg in die Entwicklung einer entsprechenden kulturellen Architektur an Konzeptionen und Praxis gedacht. Es gibt bereits einiges Potential an Wünschenswertem, wie vielleicht die beigefügten Fotos illustrieren können.

Die entstandene gesellschaftliche und menschliche Konfusität muss nicht sein. Der Bau einer Neuen Kultur ist möglich!

Inhaltsverzeichnis

Vorwort

Mit Telotopia möchten wir von der >Werkstatt Neue Kultur< anhand eines kulturarchitektonischen Beispiels veranschaulichen, was >Neue Kultur< für uns im gesamtgesellschaftlichen Ergebnis in etwa meint.

Es geht bei >Telotopia< und >Neuer Kultur< um eine menschheitsgeschichtliche Perspektive. >Kultur< war die neuartige menschliche Dimension der humanevolutionären Entwicklung in Persönlichkeit, Sozial- und Beziehungs-Leben samt aller Kreativität und Lebens-Qualität. Sie entstand durch die Ablösung von der genetischen Verhaltenssteuerung aufgrund von Sprache, Kommunikation und dem Erwerb der Fähigkeit zur Selbst-Steuerung.

Mit >Neuer Kultur< geht es um die Verarbeitung der historischen Entwicklung sowohl von Fortschritt als auch den verschiedenen Folgen des Verlusts an Kultur, wie er sich an Sexismus, Rassismus, Gewalt, Macht, sozialen Hierarchien, Ausbeutung und Barbareien bis hin zu Sklaverei, Diktatur, Faschismus und Krieg zeigt. Alle diese Problematiken sind mitnichten ein Relikt der Evolution oder der Natur des Menschen – ganz im Gegenteil -, sondern die unabdingbare Folge einer unzureichenden oder unfähigen Installation der menschlichen Software namens >Kultur<, insbesondere bei der Betriebssystem-Ebene von Verhaltenssteuerung, Bewusstseins-Entwicklung und Kommunikation.

Im Grundlegenden ist das Problem des Verlusts an Kultur in den über drei Jahrtausende langen gigantischen Naturkatastrophen am Ende der Eiszeit aufgekommen. Dies hat viele Folgewirkungen – letztlich bis heute – nach sich gezogen. Doch gibt es inzwischen an sich genügend Nahrung, Produkte, Dienstleistungsangebote und Produktionsmöglichkeiten. Wie schon in den 1830ern festgestellt wurde, resultiert das ökonomische Problem aus dem Überangebot. Woran es in Wirklichkeit mangelt, ist, was von der kulturalen Anlage unserer Art Homo sapiens >Kultur< im Eigentlichen meint: ein fähiges Beziehungs- und Sozial-Leben sowie den zureichenden persönlichen Erwerb der Befähigung dazu, wie nicht zuletzt zu einer wirklichen und menschlich zureichenden Kommunikation.

Die >Werkstatt Neue Kultur< möchte für die Entwicklung einer neuen Kultur Beiträge schaffen. Mit >Telotopia< geht es um einen kulturarchitektonischen Entwurf, wie eine wünschenswerte Kultur der Zukunft aussehen könnte. Die Fragestellung ist in diesem Zusammenhang erst einmal nicht, wie dieser Entwurf angesichts der politisch-ökonomischen Gegebenheiten umgesetzt werden könnte. Zunächst muss es um Klärungen gehen, was man über die verschiedenen Einzelmomente hinaus realistisch als >wünschenswert< versteht. Es bedarf zunächst einem allgemeiner geklärten Bauplan einer Neuen Kultur.

Das vorliegende Modell kann für die unterschiedlichsten Projekte von effektiver Relevanz sein. Es kann auf eine neue Weise zeigen, dass die unterschiedlichsten Projekte eine Bedeutung für die Entwicklung einer >wünschenswerten Kultur der Zukunft< haben und auch welche. Es kann zur Vernetzung der unterschiedlichsten Ansätze beitragen, auch wenn man im Konkreten völlig unterschiedliche Wege verfolgt. Wie ein architektonischer Bauplan eines Großprojektes kann eine entwickeltere kulturelle Architektur aufzeigen, wo die unterschiedlichsten Standorte und Wege einstmals zusammenlaufen. Von dort her wird das Anliegen etlicher Projekte und Personen weit verständlicher.

Ganz in diesem Sinn möchte die >Werkstatt Neue Kultur< diese Auseinandersetzung durch Austausch, Netzwerken, Vorträge, Veranstaltungen usw. weiter fördern und entwickeln. Es gibt dazu noch weitere Projekt-Ideen.

Das vorliegende Werk ist nur als ein Anfang zu sehen. Leider können wir im Moment noch keine bessere Ausstattung dieses Buchs anbieten. Wir verfügen wohl über weit mehr und besseres Bildmaterial, aber nicht über die Rechte, es hier zu verwenden.

Die hier vorliegende gekürzte Fassung ist für einen ersten Eindruck des neuen Ansatzes einer kulturellen Architektur gedacht. Es sind hier vor allem die vertiefenden Begründungen und Ausführungen dieses Entwurfs gekürzt. Auf diese Weise tritt der visuelle Charakter dieses kulturarchitektonischen Entwurfs noch stärker heraus, und außerdem ist die gekürzte Fassung billiger.

Noch einmal deutlich billiger wird diese Fassung durch den *Smart*-Druck. Allerdings ist die Druckqualität auch nicht so gut.

Für weitergehende Auseinandersetzungen über die sozialen Zukunfts- und Zielvorstellungen sind die vertiefenden Begründungen und Aus-führungen unverzichtbar.

Doch im Moment geht es erstmal darum, mit solchen Auseinanderset-zungen zu beginnen. Für diesen Zweck möchten wir unterschiedliche Fassungen anbieten, jeweils in zwei Formaten, Längen und Druckqua-litäten. Die hier vorliegende Fassung ist visuell und kostengünstig aus-gerichtet.

Bei entsprechender Resonanz sind ergänzende Veröffentlichungen denkbar und auch Absicht. Vorstellbar wäre vor allem ein Buch über Projekte und Personen, die bereits im Sinne von Telotopia arbeiten. Kontaktiert – kontaktieren Sie uns und schickt / schicken Sie uns Fotos und inhaltliche Materialien.

Die vorliegende Abfassung geht auf die Kappe von C. Rosenthal.

Für die **Werkstatt Neue Kultur**

Christoph W. Rosenthal & Andreas Poggel

1 Einleitung

Zu den Grundlagen von Telotopia
(in dieser Fassung stark gekürzt)

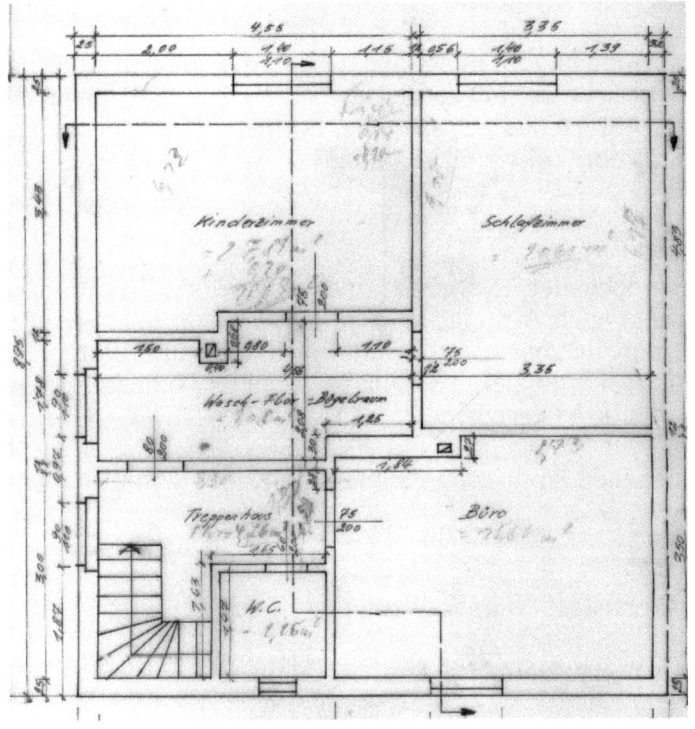

Architektonische Planung (Auszug)

Das Thema Utopie war angesichts der kulturalen Anlage des Menschen von je her von grundlegender Bedeutung. Bereits die human-evolutionäre Ausprägung unserer Art Homo sapiens erklärt sich **ausschließlich** durch eine vorausgehende Utopie menschlich zugewandter und wünschenswerter Sozialverhältnisse, ging es in ihr schließlich um die Ablösung von der biologisch-genetischen Verhaltenssteuerung. Denn diese genetische Verhaltenssteuerung der Tier-Stufe endete im Vorfeld der Humanevolution aufgrund eines zu unfähigen Soziallebens im Aussterben.

Diese ursprüngliche Utopie entstand aus den Märchen (>Mythologie<), die die Kinder zu hören wünschten. Während die übrigen Verbände an zu großen Konkurrenzproblemen zugrunde gingen, ging die Humanevolution aus den Verbänden hervor, die diese Kinder-Märchen von Liebe und einem guten Leben als eine echte Anregung aufnahmen, in gemeinschaftlicher Kommunikation ein gutes Sozialleben (>Kultur<) zu entwickeln. [1]

Doch von seiner grundlegenden Bedeutung in Bezug auf die gesellschaftlichen Ideale und Ziel-Vorstellungen wurde das Thema >Utopie< mit der Entwicklung von Macht und heute vor allem, wie in der Werbung ersichtlich ist, für ökonomische Interessen vereinnahmt. Von dort her durchzieht ein utopisches Fantasma die gesamte gesellschaftliche Existenz, was jedoch die menschlich ursprüngliche Funktion von >Utopie<, nämlich ein soziales Leitbild zwecks Orientierung und entsprechender Auseinandersetzungen zu stellen, paralysierte.

Von dort her wird ein Neuansatz bzgl. des Themas >Utopie< notwendig. Was sich dabei anbietet, ist das Vorgehen in der Architektur - wie heute auch in der Landschaftsarchitektur und Stadtplanung, hier nur als kulturelle Architektur gänzlich umfassend in der Entsprechung des Menschseins (u.a. Menschenrechte und Demokratie) gedacht.

Die Grundlagen der hier vorliegenden kulturellen Architektur von Telotopia liegen entsprechend in den Einsichten in Bezug auf die Humanevolution und den Humanwissenschaften mit Anthropologie, Psychologie, Kulturologie usw. sowie bzgl. Geschichte mit Ethnologie

---

[1] s. dazu mehr in meinem Buch >Zur Evolution von Selbststeuerung, Liebe, Kommunikation & Kultur<

usw., wie es in einer entsprechenden langjährigen Auseinandersetzung und Forschung in einigen Werken des Autors (s. letzte Seite) ausgeführt ist. Die Geschichte zeigt umfassend, dass die Anlage der gesellschaftlichen Organisation in Ökonomie, Rechtswesen und der gesellschaftlichen Bestimmung auch in gänzlichen anderen Formen möglich sind, wie auch, aus welchen Gründen – im Guten (Fortschritt) wie im Schlechten (Macht, Gewalt) – die heutigen Sozialformen entstanden sind. Dies alles kann heute sehr genau herausgearbeitet werden, worin – in dieser Form erstmalig – unsere großartige Chance in der Entwicklung einer diesmal wahrhaft Neuen Kultur besteht. Diese Auseinandersetzungen werden in diesem Entwurf nicht tief gehender verfolgt. Doch man wird an einigen Stellen (vor allem in Teil 4) sehen, dass sie eine Rolle spielen.

Der nachfolgend vorgestellte kulturarchitektonische Entwurf gliedert sich in 3 Hauptteile, die jedoch unbedingt als Zusammenhang zu sehen sind. Dabei verknüpft sich die Konzeption von Telotopia mit zwei Polen.

Der eine Pol liegt in der Boro-Struktur. Es handelt sich bei der Boro um eine historisch neue Kombination aus einem Stamm, einem Dorf mit einiger Selbstversorgung, einem urbanen Kulturzentrum und einem Stadtstaat in einer sozial überschaubaren Größe von etwa 4000 Einwohnern. Diese Boro-Struktur wird in Teil 2 an dem Beispiel namens *Telboro* in der Art eines Stadtplans und Stadtführers demonstriert. Diese äußere Form wird in Teil 3 biographisch mit Leben gefüllt und dadurch auch näher erläutert.

Der andere Pol von Telotopia verknüpft sich mit der weltweiten Netzwerk-Struktur, die erst die Boros auf Dauer und ihr kulturelles Potential möglich macht. Diese Organisationsstruktur und weitere wichtige übergeordneten Gesichtspunkte werden in Teil 4 beschrieben.

2 Telboro
- Ein Modell einer Boro

Da das Entscheidende des Fundaments von Telotopia insgesamt in den Boros (oder in Naturkontexten in vergleichbaren Formen an Selbstorganisation wie die alten Formen von >Stämmen<) liegt, soll hier der typische Charakter der Anlage einer Boro an dem >Telboro< genannten Beispiel gezeigt werden.

Im Einzelnen sind die Anlagen und Optiken der Boros in Telotopia je nach den Naturgegebenheiten, den historischen Beständen (erhaltenswerte Stadtbereiche und –Viertel) und natürlich den Vorstellungen der jeweiligen Telotopianer durchaus unterschiedlich. Telboro ist in diesem Sinne kein Reißbrett-Modell, nach dessen Schema F in Telotopia auch alle anderen Boros gebaut würden. Telboro ist hier lediglich ein Modell, an dem gezeigt werden soll, wie die historisch *in gewisser Weise* völlig neuartige Struktur namens >Boro< gedacht ist.

In Form des Modells von >Telboro< soll in die kulturarchitektonische Konzeption von Telotopia eingeführt werden. In diesem Teil II wird die äußere Anlage gezeigt.

Im Besonderen ist die Struktur namens >Boro< in der menschlichen Sozialisationsentwicklung begründet. Dies wird entsprechend in Teil III ausgeführt.

Diese Boros (oder die den Boros entsprechend gegliederten Stämme-Strukturen) sind in Telotopia der übliche Sozialisations-Kontext der kindlichen Entwicklung bis zur Twen-Phase, bis die eigenen Kinder unabhängig werden. Die Boro selbst kann man als Erwachsener frei wählen. Ab der Unabhängigkeit der eigenen Kinder lässt sich der weitere Lebensstil frei bestimmen, auch in dauerhafter Reise und Ortswechseln. Doch all dies hat in Telotopia eine andere Grundlage in Gesellschaft, Sozialisation und Ökonomie als bei uns, was in der Boro-Struktur begründet ist.

Schon in Bezug auf die gängigen Boros soll gezeigt werden, dass sich Urbanes und Natur ähnlich wie in den alten Städten auch bei dem heutigen Bevölkerungsaufkommen durchaus gut verbinden lassen. Die heutigen Schattenseiten der Städte wie der Dörfer haben in den historischen Macht- und Ausbeutungsverhältnissen ihre Ursache und sind nicht per se zwangsläufig.

16

2.1 Zur Bevölkerungsgröße und Altersstruktur von Telboro

Die Größe der Bevölkerungszahl in einer Boro darf die soziale Überschaubarkeit einer Boro nicht übersteigen. Die soziale Überschaubarkeit einer Boro ist die substanzielle Grundlage der demokratischen Selbststeuerung von Telotopia insgesamt. Es besteht jedoch keine Notwendigkeit, dass jede Person jede Person einer Boro kennt. Die Überschaubarkeit bezieht sich auf die Sozialprozesse einer Boro: auf die sozialen >Effekte<, auf das >öffentliche Leben< und ihre Steuerung. Da die Boros z.b. in >Siedlungen< und >Viertel< auch mit dem Recht auf Selbstbestimmung weiter untergliedert sind, muss diese Bevölkerungszahl nicht ganz gering liegen. Eine zu kleine Bevölkerungszahl einer Boro erscheint mir (jenseits besonderer Naturgegebenheiten) im Allgemeinen nicht wünschenswert, da damit das kulturelle Potential einer Boro zu klein bliebe. Eine Boro soll nicht bloß ihr Überleben fristen können, sondern im Eigentlichen ein regelrechtes Kulturzentrum sein, das den allgemeinen kulturellen Bedürfnissen des Menschen entspricht (für spezielle Bedürfnisse stehen z.B. die >Oberzentren< im Auftrag und in der regierenden Bestimmung der Boros zur Verfügung, s. dazu weiter → Teil 4).

Ich bin von diesen Überlegungen her bzgl. einer Boro auf eine Größe von 4.000 Einwohner (mit dem Ansatz einer durchschnittlichen Lebensdauer von 80 Jahren) gekommen. Bei einer Bevölkerungsdichte wie derzeit in der BRD mit etwa 231 E/km² ergäbe sich damit durchschnittlich eine Boro-Fläche von 4,16 km x 4,16 km = 17,3 km² und in kürzester Linie eine Strecke von ca. 4,16 km von einem Boro-Zentrum zu dem nächsten Boro-Zentrum mit über 3 km ländlichem Gebiet dazwischen. Dies entspräche unseren Verhältnissen auf dem >Land<, nur dass jede Boro über ein effektiv urbanes Zentrum verfügte.

Die Anlagen einer Boro können durchaus unterschiedlich sein. Die Zahlen sind nur als ein gewisser Anhalt in Bezug auf die vorgestellte Größenordnung zu verstehen. Doch sind sie für ein Verständnis der weiteren kulturarchitektonischen Überlegungen von Relevanz.

Diese Größe bedeutet eine durchschnittliche Jahrgangsstärke von 50 Personen. Das ergibt im Einzelnen folgende Bevölkerungsstruktur:

Alter	Zahl	
1. Lebensjahr	50	
2. – 3. Lebensjahr	100	
4. – 6. Lebensjahr	150	
=	**300 Kleinkinder**	
7. -12. Lebensjahr	**300**	= insgesamt **600 Kinder**
13. – 18. Lebensjahr	**300 Jugendliche**	
19. – 68. Lebensjahr	**2500 aktive Erwachsene**	
68 +	**600**	
=	**4000 Einwohner**	

Wir haben also in Telboro durchschnittlich ca. eine Geburt und einen Todesfall pro Woche.

2.3 Die Boro-Konzeption

Die organisatorische Form der >Boro< ist das Herzstück der Konzeption von Telotopia. Es handelt sich hierbei um eine gewisse Entsprechung zu der früheren Polis, einem selbständigen Stadtstaat mit Umland zwecks seiner Versorgung. Die Boro unterscheidet sich jedoch darin fundamental von der Polis, als dass sie keine absolute Selbständigkeit hat, etwa ein Recht auf Eroberungen, auf Sklavenhaltung oder einen ökologischen Verbrauch bis zum Ruin. Sie ist an die Verfassung von Telotopia gebunden und steht in einem weltweiten Verbund, womit die produktiven historischen Entwicklungen bis hin zur Computer- und Weltraum-Technologie aufgenommen sind.

Eine Boro ist im Allgemeinen also eine neuartige Kombination von Ortschaft, Land, Kultur, Urbanität und Staat mit einer durchschnittlichen Größenordnung von ca. 4000 Einwohnern. Jede Boro ist eine Art selbständiger demokratischer Staat, jedoch in einem Verbund einer weltweiten Organisationsstruktur. Im Rahmen der Verfassung von Telotopia und weiteren übergeordneten Regelungen wie etwa in Bezug auf die Flussläufe hat jede Boro das volle Recht auf seine Selbstbestimmung.

Es geht bei der Boro in erster Linie um eine organisatorische Form, die gleichzeitig Selbstbestimmung wie eine demokratische Bestimmung der entstandenen umfassenderen Sozial- und Wirtschaftsverhältnisse auf unserem Planeten ermöglichen und auch garantieren soll. Ganz in diesem Sinne werden in Telotopia auch die ethnologischen Formen von >Stämmen< in der Art des Boro-Systems gesehen und organisatorisch aufgenommen.

In unseren Verhältnissen ist jedoch eine >Boro< als Kombination von Dorf, Land, Urbanität und Staat in einer durchschnittlichen Größenordnung von ca. 4000 Einwohnern die gängige Grundform der gesellschaftlichen Sozialorganisation.

Die weitere Organisation von Telotopia baut stufenweise auf der Grundlage einer Boro auf (oder in analoger Form auf >Stämmen<). Mehrere Boros bilden organisatorisch einen >Kommunal-Verband< (ggf. eine >Stadt<), mehrere >Kreise< einen >Bezirk<, mehrere >Bezirke< eine >(Bundes-) Land< usw. (s. genauer → 4.4.3). Es ist demnach ähnlich wie hier. Nur werden die höheren Strukturen nicht durch Parteien, sondern konsequent von unten her von den Boros her demokratisch bestimmt.

So werden auch die >urbanen Zentren< – die heutigen Städte – analog zu den >Kreisen< und unseren Stadtvierteln aus mehreren Boros gebildet (→ 4.4.2). Umgekehrt ist auch eine Boro weiter untergliedert: in Siedlungen und Quartiere, in den man im Rahmen einer bestimmter Satzungen selbst bestimmt und selbst organisiert leben kann (→ 4.3.1 ff.).

Telotopia ist also von den Boros mit ihren lediglich ca. 4.000 Einwohnern her insgesamt nicht als eine Art „Dorfleben" misszuverstehen, auch wenn es in ihren Boros auch gutes Dorf- und Nachbarschafts-Leben bietet. Aufgrund der übergreifenden weltweiten Netzwerk-Struktur kann Telotopia all das an Kultur, Lebens-Qualität wie auch an notwendiger Technik bieten, was heute im Guten möglich ist.

Das zunächst Bedeutsame von Telotopia besteht jedoch darin, die ganzen historischen Schattenseiten aufgrund der verselbständigten Sozialorganisation bis hin zu den Diktaturen, Faschismen, Kriegen und regelmäßigen Zusammenbrüchen der falsch aufgebauten „Hochkulturen" vermeiden zu können. Das technologische Potential lässt sich durchaus zu Hochkultur entwickeln – sofern nur das Fundament in sozialer und ökologischer Stabilität auf dem basiert, was von der humanevolutionären Entwicklung her unter Kultur zu verstehen ist.

2.4 Die Anlage von Telboro
Eine Foto-Tour

Das Zentrum von Telboro

In gewisser Weise lässt sich das Zentrum von Telboro mit einer Fußgänger-Zone einer mittelgroßen Stadt vergleichen, doch ist dieses
Zentrum ein regelrechtes >Kultur-Zentrum<. Neben Rathaus, Bahnhof, Stadthalle, Bibliothek und Läden finden sich dort vor allem Restaurants, Cafés und Kneipen für Treffen und Zusammensein.

Nicht nur das Zentrum, sondern die Boro insgesamt ist im Prinzip >au-
tofrei<. Alles ist innerhalb einer Boro fußläufig erreichbar, ggf. nutzt
man Fahrräder. Lediglich einzelne Transporter und Traktoren sind
motorisiert, doch sind hierbei auch oft Pferde im Einsatz.

Die Zentren einer Boro dienen den sozialen Bedürfnissen über das engere Beziehungs-Leben hinaus. Die kulturelle Dimension ist hierbei stark betont.

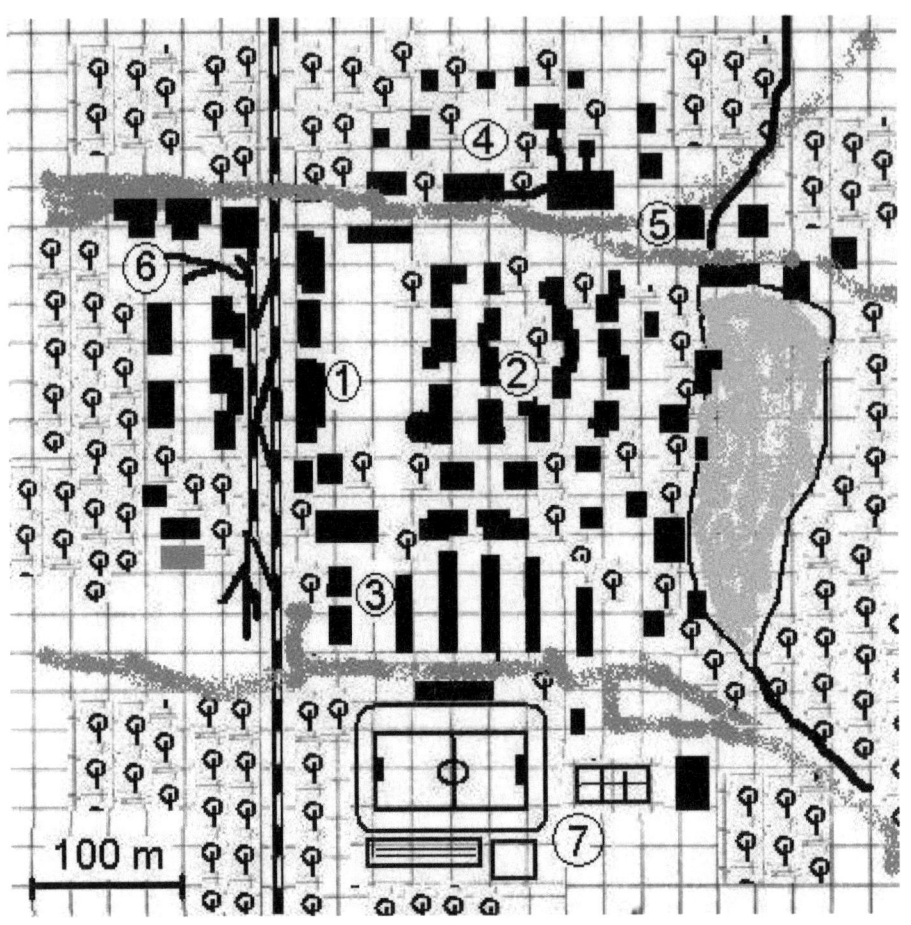

Boro-Plan des Zentrums von Telboro
entsprechend der Bilder und Ausführungen

1 Zentrum mit Bahnhof, zugleich Stadthalle
2 Altstadtbereich
3 Gründerzeit-Viertel
4 Zentrum des Medizinischen Instituts
5 Anlagen des Biologischen Instituts
6 Güter(bahnhofs)bereich, Logistik, Werkstätten
7 Sportzentrum mit Tennisplätzen, Stadion mit Tribünen,
   Sporthallen

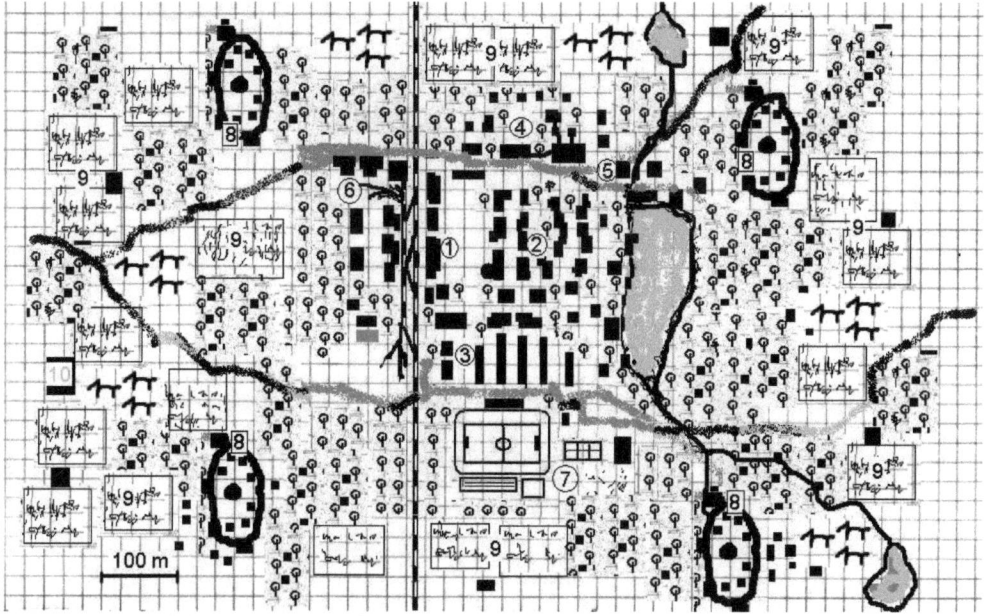

Schematisierter Entwurf (ca. 1200 x 800 m)

8 Übergangsbereich der Kinder-Garten-Anlagen (fett umrandet,
   dort Hecken
9 Wiesen, Felder für Nahrungsproduktion (umrandet)
10 Beispiel für einen Hofbereich

Die hier dargestellte Fläche umfasst etwa 1200 x 800 m. Eine Boro, in
der die deutsche Bevölkerungsdichte von ca. 231 E/km² zu organisieren wäre, hätte dabei eine Ausdehnung von ca. 4,16 km x 4,16 km
(s.u.), d.h. es käme noch über 1,5 km an Land in jeder Richtung zu
einer Boro dazu, s. → S. 166.

25

Es gibt in den Boro-Zentren auch Läden, doch sind diese im Wesentlichen nicht verselbständigt wirtschaftlich, sondern kulturell motiviert. Es wird dort angeboten, was der Erfahrung nach authentisch interessiert. Die Läden werden insgesamt eher über die Boro-Verwaltung betrieben. Doch gibt es auch Möglichkeiten, im privaten Engagement Geld zu verdienen.

Der andersartige Charakter der Läden zeigt schon in den Schaufens-
tern, dass es nicht um eine verselbständigte Wirtschaft, sondern um
Kultur im tatsächlichen Sinn geht. Man produziert hier gerne Anre-
gendes und als gut Empfundenes, doch im Interesse an Kreativität und
aus Lebensfreude und nicht zwecks Status, Privilegien usw.

Ggf. dienen manche Läden auch als Treff-Ort (z.B. Cafe) oder in bestimmten Bereichen auch zur Produktion (z.B. Schneiderei).

Design und Kultur interessieren natürlich auch in Hinsicht auf seine Aufmachung und Kleidung. Auch hier ist man in Telotopia gerne experimentell. Insgesamt wird dieser Bereich aber *von klein auf* an sehr bewusst unter dem Aspekt Theater – Inszenierung aufgenommen, auf der höheren Ebene auch von dem Aspekt Eros her – um gerade damit keinen Geschlechts-Stereotypen zu verfallen.

Auch in Telotopia lässt man den Abend gerne gesellig ausklingen. Da dort aber das gesamte Leben von seinem sozialen Interesse her gestaltet ist, muss dies dort nicht am Abend nachgeholt werden. Der Abend steht unter dem Aspekt des Ausklingens, und es wird dabei nur selten spät.

Die Bahnhofs- und die Stadthalle von Telboro dienen auch Messen, Theater-, Tanz- und Musik-Aufführungen bzw. auch als Disco und für Tanz-Veranstaltungen.

Nur der innerste Bereich von Telboro ist (aus praktischen Gründen) gepflastert. Nach außen schließen sich daran parkähnliche Bereiche sowie das kleine Altstadt- und Gründerzeit-Viertel an.

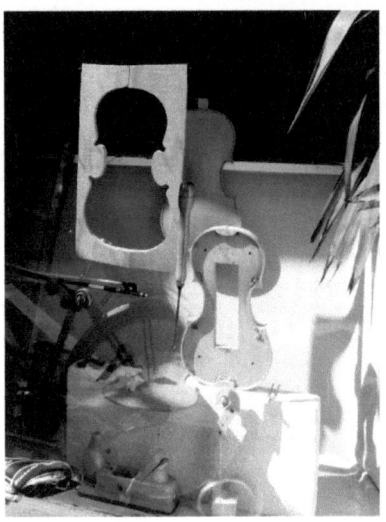

In dem Altstadt- und Gründerzeit-Viertel finden sich einige kleine Studios und Produktions-Ateliers wie etwa eine Näherei, Schmuck- und kunstgewerbliche Werkstatt, Geigenbau-Werkstatt usw. Sie können von einem Institut für besondere Arbeiten wie auch zur Lehre gestellt werden und dienen gleichzeitig auch als Laden.

Von je her lagerte Homo sapiens gerne am Wasser.'Falls eine Boro
nicht sowie am Wasser liegt, staut man sich gerne Seen an, auch am
Rand des Zentrums.

In Telotopia spielt der Schienenverkehr noch eine Rolle, doch ist dies dort insgesamt eher mit einem gelegentlichen Landverkehr zu vergleichen. Dabei sind auch vielfach Draisinen im Einsatz. Der entsprechende Bahnhof fungiert auch als eine Stadthalle und als Restaurant.

Für Güter- und Personen-Transporte dienen in einer Boro oft auch Kutschen, die (in Verbindung mit einem Hof) insbesondere von Senioren wie von Jugendlichen geführt werden.

Das Biologische Institut

Das biologische Institut spielt in jeder Boro eine recht zentrale Rolle. Es ist die zentrale Einrichtung für die Nahrungsproduktion vor Ort. Doch erklärt sich diese Bedeutung auch aus dem gängigen Interesse der Telotopiancr an der Natur. Insofern hat der am Zentrum gelegene Bereich des biologischen Instituts auch etwas von Zoo und einem Naturkunde-Museum. Es gibt dort auch Gewächshäuser mit besonderen Pflanzen auch jenseits von Nahrungszwecken (s.u. etwa Kakteen). Diese Gewächshäuser dienen ggf. auch als Cafés, als Unterrichts- und Studien-Orte wie auch als eine besondere entspannte Atmosphäre dem >Sein<.

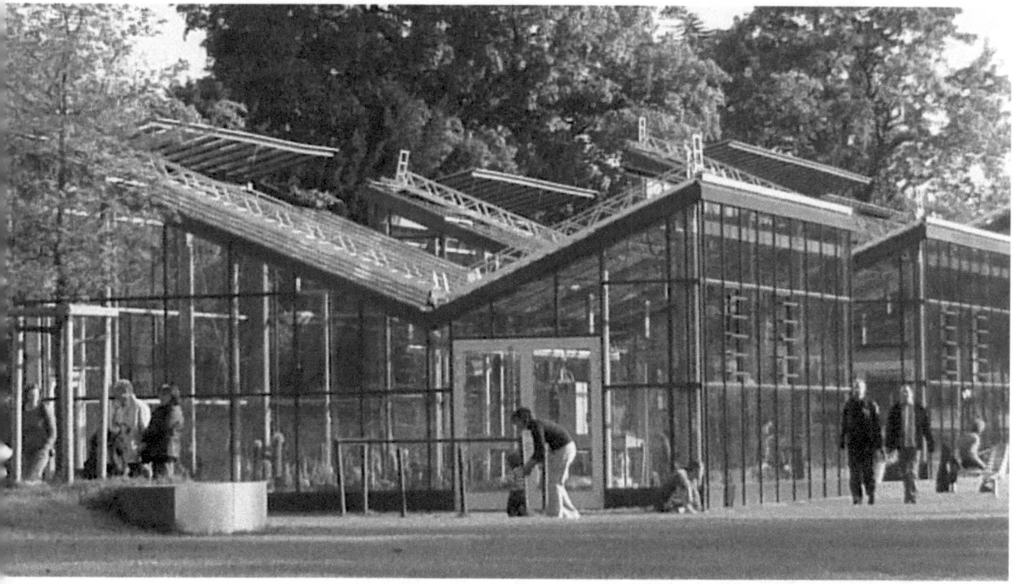

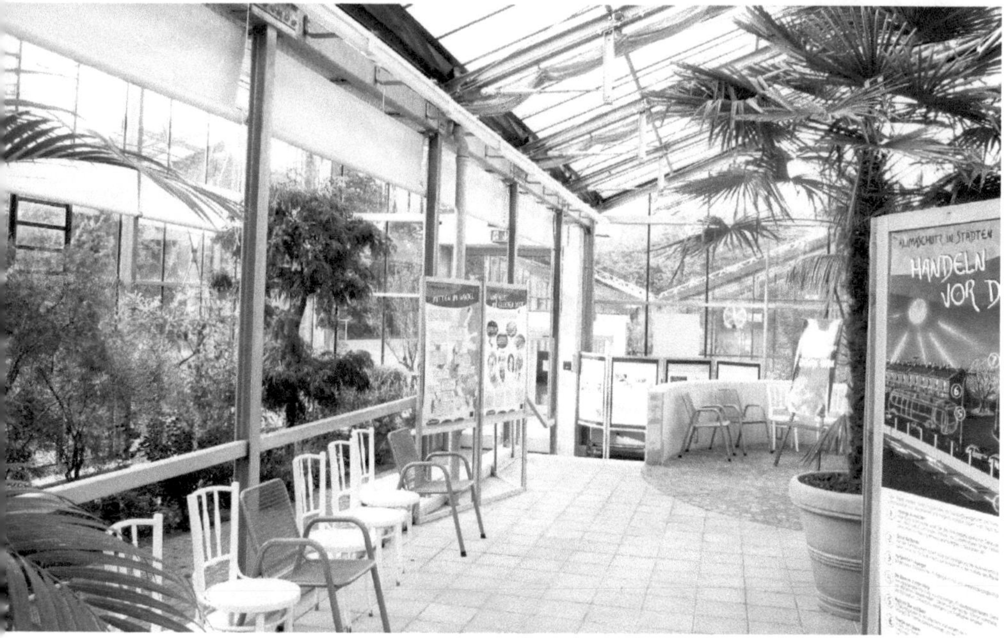
KLIMASCHUTZ IN STÄDTEN
HANDELN

Die unterschiedlichen Einrichtungen (Verwaltung, Unterricht, Produktionsstätte) des biologischen Instituts werden in ihrer Bauweise und in ihrer Lage (Nutzung von Sonnenlicht und – Energie) möglichst ökologisch angelegt, doch immer auch von sozialen und kulturellen Gesichtspunkten her (z.B. in der Architektur).

Hinter dem Bahnhof

Ist das innerste Zentrum einer Boro von modernen Einsichten und Vorstellungen her bestimmt und möglichst aktuell gehalten, hält man in Telotopia jenseits davon gerne auch historische Bereiche intakt. Hier betrifft dies den (ehemaligen) Güterbahnhof, der neben den Gleisen zum Abstellen vor allem als Lagerhallen und Werkstätten genutzt wird.

Das Stadtgebiet von Telboro

An das innerste Zentrum von Telboro schließen der Altstadt-Bereich und die weiteren Baustile der späteren Zeit an (z.B. der Gründer-Zeit), soweit sie als erhaltenswert und als sinnvoll betrachtet werden. In Telboro ist dieser Häuser-Bereich insgesamt nur recht klein und eng an das Zentrum angeschlossen und läuft schnell über eine aufgelockerte Bauweise auf Siedlungen und den ländlichen Bereich hinaus.

Diese urbane Bauweise dient in den Boros nur bedingt zum Wohnen, sondern vor allem der Verwaltung, der Unterrichtung und als Werkstätten. Diese Bauweise findet sich in den Oberzentren noch ausgeprägter. Doch dienen dort die Wohnungen wesentlich nur als Zweitwohnung, als eine Art Hotel oder als vorübergehender Aufenthalt im Erwachsenen-Alter für bestimmte Arbeits-Tätigkeiten, wo die Kinder schon aus dem Haus sind.

Schon schnell hinter dem Zentrum (nach etwa 100 – 200 m) löst sich die eigentliche urbane Bauweise in eine lockere Gestaltung mit Hausanlagen und Siedlungen auf, die in geeigneter Strukturierung eigene soziale Einheiten bilden.

Dass die bauliche Anlage strukturiert soziale Einheiten schafft, ist ein wichtiges Prinzip der Sozialorganisation der Boros und von Telotopia insgesamt. Dies ist eine konstitutive Grundlage dafür, dass eine wirkliche Demokratie überhaupt möglich ist.

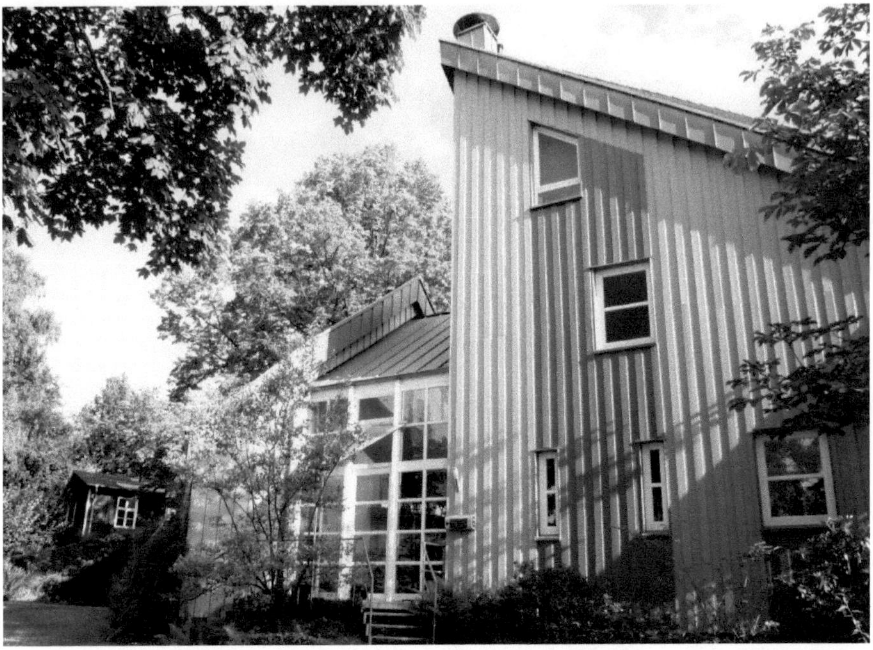

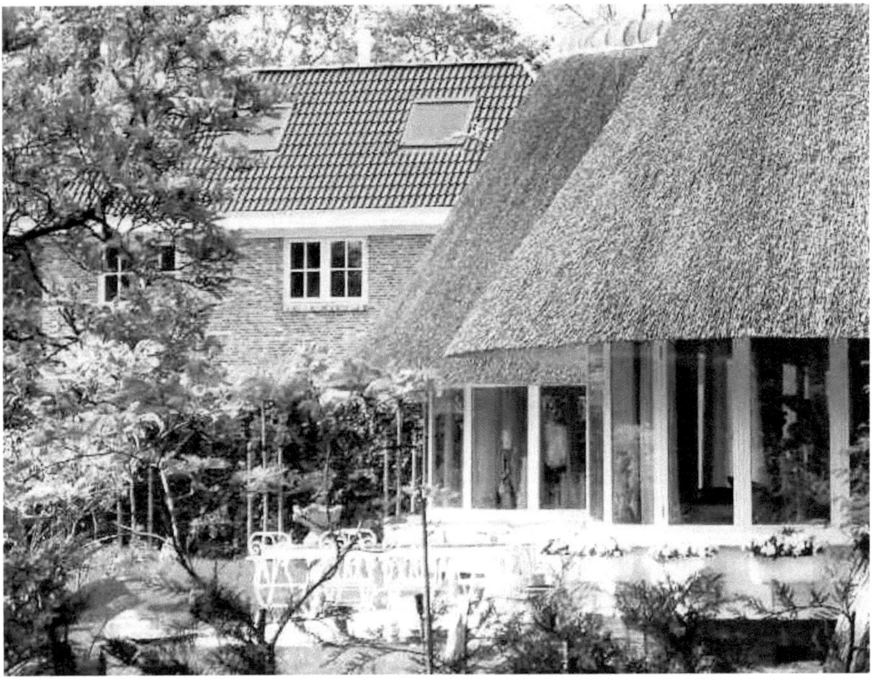

Das ländliche Gebiet von Telboro

Die ländlichen Wohngemeinschaften und Siedlungen sind mehr oder weniger mit Formen von Nahrungsproduktion verbunden, etwa auch mit der Zucht von Gemüse in Gewächshäusern. Das muss hier gar nicht in >Arbeit< ausarten. Bei den Siedlungen können die Mahlzeiten in Form eines Restaurants organisiert sein, das man gemeinschaftlich betreibt.

Oben eine Hausgemeinschaft mit etwas Anbau, unten ein Sägewerk
(mit Wasserkraft betrieben) mit Zimmerei

Recht beliebt (vor allem im Sommer) ist, in den Kleinsiedlungen in der Art von Kleingarten-Anlage zu leben. Diese Lebensweise ist sehr unaufwendig und bietet Ruhe und Platz z.B. für künstlerische Aktivitäten (auch literarischer Art). Dieser Lebensstil wird auch gerne aufgenommen, wenn man Kinder in der Säuglingszeit hat.

Landschaftsbild mit einer Kleinsiedlung im Außenbereich von Telboro
Entfernung ca. 1 km

Die Siedlung hinter dem See

Neben den traditionellen Bauformen gibt es viele interessante Formen in der Architektur wie u.a. auch Erdhäuser, Baumhäuser. S. dazu die Hinweise bzgl. des Internets und an Literatur S. 180, 183

3 Die biographische Struktur in Telotopia

3.1 Zur Bedeutung kindgerechter Verhältnisse

Die materielle und organisatorische Anlage von Telboro und insgesamt von Telotopia begründet sich aus der humanevolutionär entwickelten menschlichen Anlage (Anthropologie, Kulturologie) und hierbei zunächst einmal aus der Sozialisationsentwicklung des Menschen.

Das Fundament einer demokratischen und auf den Menschen hin bezogenen gesellschaftlichen Anlage hat seine Grundlage in einem dialogischen Verhältnis zwischen den Erwachsenen und den Kindern sowie in kindgerechten Verhältnissen, wie sie ursprünglich etwa mit Lagern am Strand oder an Wasserplätzen mit Möglichkeiten zum freien Spielen bestanden. Dies begründet sich aus der Prozesslogik der humanevolutionären Entwicklung. Denn die Entwicklung von Kultur – und auch von Kreativität - hat evolutionär und dann auch entsprechend in der Sozialisation seine Grundlage in dem kindlichen Spiel.[2] Die Bedeutung der Erwachsenen bestand „lediglich" darin, solch umfassende Kindheiten ermöglicht und die kindlichen Impulse zu Kultur in erwachsener Erfahrung in der sozialen Praxis aufgenommen, gewürdigt und systematisiert zu haben. In dem dialogischen Bezug zwischen den Erwachsenen und den Kindern in der humanevolutionären Entwicklung stammen die kreativ-chaotischen Impulse und das Spielerische als der Grundlage von Lebens-Qualität aus der Kindheit und die soziale Funktionsfähigkeit und Stabilität aus der erwachsenen Erfahrung.

Sofern man also irgendwie an einem dauerhaften, nachhaltigen und lebensfreudigen Sozialleben interessiert ist, kommt man nicht daran vorbei, dem Aspekt der kindlichen Sozialisation eine entsprechend gebührende Aufmerksamkeit zu schenken.

---

[2] S. dazu >Vom Ursprung der Kultur im Spiel<, so der Untertitel des Buchs >Homo Ludens< von Johan Huizinga und meine weiteren Ausführungen in meinen beiden Büchern zur Humanevolution.

Bei dem heutigen Bevölkerungsaufkommen muss es für eine wünschenswerte Kultur der Zukunft um die Entwicklung einer kulturarchitektonischen Anlage gehen, die systematisch auf die jeweiligen Gegebenheiten der kindlichen Bedürfnisse und Möglichkeiten eingestellt ist.

Auch ist die Schaffung kindgerechter Verhältnisse als Grundlage der Menschenrechte, von Demokratie, Lebensqualität und kulturellem Niveau zu verstehen.

3.1.1 Das Sozialisations-Modell von Erik H. Erikson

Als Grundlage für entsprechende kulturarchitektonische Reflexionen soll zunächst das bekannte Sozialisations-Modell des Psychologen Erik H. Erikson aufgenommen werden, was freilich nicht bedeutet, sämtliche Auffassungen Eriksons im 1:1-Verhältnis zu übernehmen.

In diesem Modell kommt Erikson zu den folgenden acht grundlegenden Stufen der Persönlichkeits-Entwicklung, die in seinem Buch „Identität und Lebenszyklus" näher beschrieben werden (s. auch das Diagramm dort S. 214 f.). Bei jedem der nachfolgend aufgeführten Punkte steht an der ersten Stelle, welche Entwicklung im positiven Fall entsteht, und an der letzten Stelle, welche Konsequenzen in dem Fall des Misslingens in der Bewusstseins-Verfassung entstehen können.

1) Vertrauen gg. Misstrauen
2) Autonomie gg. Scham
3) Initiative gg. Schuldgefühl
4) Werksinn gg. Minderwertigkeitsgefühl
5) Identität + Ablehnung gg. Identitätsdiffusion
6) Intimität + Solidarität gg. Isolierung
7) Generativität gg. Selbstabsorption
8) Integrität gg. Verzweiflung

Von diesen 8 Stufen umfassen die ersten 6 die menschliche Sozialisations-Entwicklung bis zum Erreichen von Erwachsenheit. Schon von dort her wird quantitativ die zentrale Bedeutung des Fundaments dieser Entwicklung ersichtlich.

Wo hierbei ein gelungenes Fundament geschaffen ist, wird eine weitere Entwicklung bis zu höchster Höhe ganz nach dem eigenem authentischem Bedürfnis möglich. Ohne ein solch stabiles Fundament bleibt der Bau einer Hochkultur ein projektives Fantasie-Produkt als tatsächlicher Machtkampf um das >Oben<. Von daher ist deren Einsturz vorprogrammiert, wie es sich in der bisherigen Geschichte regelmäßig belegt.

Diese Stufen der Entwicklung der menschlichen >Persönlichkeit< können nicht bloß rein psychologisch betrachtet werden. Dies wäre jenseits der therapeutischen Arbeit eine unsinnige Abstraktion.

Vielmehr sind diese jeweiligen Gegebenheiten der menschlichen Persönlichkeits-Entwicklung voll und ganz in der soziokulturellen Anlage umzusetzen. Dies ist die unabdingbare Voraussetzung dafür, der jeweiligen Persönlichkeit zu ermöglichen, sein Leben als Erwachsener tatsächlich selbst bestimmen und beherrschen zu können. Alles Andere ist (als Strukturelle Gewalt) ein Verstoß gegen die Menschenrechte.

3.1.2 Die kulturelle Architektur der Lebensalter

Was dieses Sozialisations-Modell von der gesellschaftlichen Anlage her sozial und in Hinsicht auf Bildung bedeuten könnte, wird im Weiteren in diesem Kapitel in Entwürfen vorgestellt. Eine völlige Parallelität zu Eriksons Modell ergibt sich mir hier nicht, da der Blickwinkel ein etwas anderer und vor allem im Bereich Pubertät auch eine Frage der jeweiligen Kultur ist.

Dazu folgendes Modell als Überblick:

Innere Entwicklung nach **Erikson**	Sozialer Bildungskontext in **Telotopia**	
1) Vertrauen gg. Misstrauen		1. Lebensjahr
2) Autonomie gg. Scham		2. + 3. Jahr
3) Initiative gg. Schuldgefühl	1) **Prima**	Kinder-Garten
4) Werksinn gg. Minderwertig- keitsgefühl	2) **Sekunda**	(Grund-Schule)
	3) **Tertia**	(ab ca. 9 - 10 J.)
5) Identität + Ablehnung gg. Identitätsdiffusion		
	Pubertät	
6) Intimität + Solidarität gg. Isolierung	4) **Quarta**	Jugend
7) Generativität gg. Selbstabsorption	5) **Quinta**	Twen
	6) **Sexta**	ab ca. 30
	7) **Septima**	ab den 30ern
	8) individuelle Weiterbildungen	
8) Integrität gg. Verzweiflung	>Leben<	

Die Stufen, die hier >Prima, Sekunda< usw. genannt werden, sind jedoch nicht in der Art unserer Schulklassen, einer sozialen Klassifizierung und Bewertung zu verstehen. Vielmehr geht es hier um eine gesellschaftlich zu reflektierende Konzeption von äußeren sozialen Gegebenheiten und Angeboten an Bildung, Kultur und Sozialkontexten in Entsprechung zu der Sozialisations-Entwicklung des Menschen und dann der individuellen Persönlichkeit des Menschen im Verhältnis zu den bestehenden Anforderungen. Dies wird im Weiteren näher erläutert.

3.2 Die Kindheit
3.2.1 Säuglings-Phase

Erikson: 1. Stadium: >Ich bin, was man mir gibt<

„Da ihre [der Säuglinge] ersten Erfahrungen in dieser Welt sie nicht nur am Leben erhalten, sondern auch dazu beitragen sollen, ihre empfindliche Atmung und ihre metabolischen und Kreislaufrhythmen zu koordinieren, müssen wir ihnen außer der Nahrung auch Sinnesreize in der richtigen Stärke und zur rechten Zeit bieten, damit ihre Aufnahmebereitschaft nicht plötzlich in diffusen Widerstand oder in Lethargie umschlägt." (S. 64)

„Die einfachste und früheste soziale Verhaltensweise ist das >Nehmen<, nicht im Sinne des Sich-Beschaffens, sondern in dem des Gegeben-Bekommens und Annehmens. [...] Die so hergestellte Wechselseitigkeit der Entspannung ist für die erste Erfahrung eines freundlichen Anderen von höchster Bedeutung; die Psychoanalyse hat uns gelehrt, dass das Kind *gibt*, indem es nimmt, was ihm gegeben wird, und indem es lernt, die Mutter zum Geben zu veranlassen, auch die notwendigen Grundlagen dafür entwickelt, ein Gebender zu werden, sich mit der Geberin zu >identifizieren<. Wenn diese wechselseitige Regelung versagt, zerfällt die Situation in eine Reihe von Versuchen, durch einseitige Willensakte in die Gewalt zu bekommen, was durch beiderseitiges Entgegenkommen nicht erreicht wurde. Der Säugling versucht durch ziellose Aktivitäten zu erlangen, was er im zentrierten Saugen nicht findet; er erschöpft sich im Suchen oder findet seinen Daumen und kehrt der Welt den Rücken." (S. 65 f.)

„Die erste Station am Wege war entspanntes Liegen. Das Urvertrauen, das auf der Erfahrung basiert, dass der Grundmechanismus des Atmens, Verdauens, Schlafens usw. in ursächlicher und vertrauter Beziehung zur Nahrung und Pflege steht, die ihm zuteilwerden, gibt der sich entwickelnden Fähigkeit, sich aufzusetzen und später sich aufzustellen, ihre Würze." (S. 88)

Ich liebe dieses Foto, auch wenn hier einige Details nicht (gut) zu erkennen sind. Es zeigt meine Großeltern 1931 mit meiner Mutter

Spätestens, wenn der Säugling mobil wird, pflegt man in Telotopia in der Kleinkind-Phase seiner Kinder (bis zum 3. Lebensjahr) in Wohnverbänden oder Kleinsiedlungen außerhalb des inneren Zentrums einer Boro zu wohnen. Wichtig erscheint, dass die übliche Existenzform mit kleineren Kindern aus einem **Verband** in der Größe von etwa 6 bis 20 Erwachsenen (als der *typischen anthropologischen Sozial-Einheit*) besteht.

Das **Entscheidende** dabei ist, dass jedes Kleinkind ab entsprechenden Fähigkeiten die *selbständigen* Möglichkeiten zur Kontakt- und Beziehungsaufnahme zu anderen Kindern *wie* zu den Eltern und anderen vertrauten Erwachsenen hat. Das Verhältnis zu den Kindern wird in Telotopia als eine besondere Gastfreundschaft betrachtet, auf keinen Fall (wie in vielen früheren *historischen* Traditionen) als Besitz.

Angesichts des Soziallebens in Telotopia hat das Leben mit den Kindern immer auch weitere Sozialkontexte. Die Trennung eines Paares ist über das Persönlich-Situative hinaus kein Drama. Wenn ein Paar oder auch eine einzelne erziehende Person von dem Umgang mit ihrem Kind überfordert ist, gibt es in Telotopia genügend Möglichkeiten, dies in einer für alle besten Form aufzunehmen, als Betreuung, Unterstützung und in diversen Einrichtungen, die einen geschützten und sozialen Rahmen bieten. Neurologisch begründete psychiatrische Probleme sind niemals gänzlich zu verhindern, doch sehr wohl soziale.

Bei harten Konflikten bzgl. des Kindes können hier entsprechend geschulte Mediatoren herangezogen werden. In Telotopia liegt das Primat bei dem Wohl des Kindes, nicht bei den Erwachsenen. Die Erwachsenen haben bei entsprechenden Problemen andere Lösungen als die Vereinnahmung von Kindern zu finden.

Die Gestellung einer *problemlosen räumlichen Nähe* zu anderen Kindern und Erwachsenen gilt in Telotopia als die Verwirklichung des Menschen- und Persönlichkeitsrechtes des Kindes.

Wenn der Säugling mobil wird, beginnt eine neue Phase, die in Hinsicht auf die Gestellung kindgerechter Verhältnisse zu bedenken ist. Möglicherweise sind die Wohnverbände, in denen man lebt, darauf bereits eingestellt. Ansonsten würde man in darauf angelegte Wohnkontexte umziehen.

Die für das Aufwachsen von Kleinkindern gedachten Wohnverbände sind so angelegt, dass die Kleinkinder ab entsprechenden Möglichkeiten selbständig agieren können. Es sind hier immer einige der Erwachsenen in direkter Nähe, entweder direkt im Garten oder sonst im Haus (zumindest jeweils eine primäre Bezugsperson), aber sie gehen dabei eigenen Tätigkeiten nach. Sie dienen hier nicht als bloße Aufpasser, was nicht als produktiv erscheint. Die Eltern der Kleinkinder pflegen während dieser Phase wesentlich Tätigkeiten, die für die Kinder verstehbar werden, wie etwa Gartenarbeiten, Essenszubereitung, gewisse Handarbeiten und handwerkliche Tätigkeiten wie Stricken, Nähen/Schneidern, Töpfern, Holzarbeiten, Malen usw. (all dies ohne Stress und in prinzipieller Offenheit für eine Zuwendung zu den Kindern). Diese Tätigkeiten bieten den Kleinkindern erste Ideen vom Leben, und deswegen scheinen diese Aktivitäten auch gleichermaßen beruhigend wie anregend und bewusstseinsfördernd auf die Kinder zu wirken.

Es ist es bei den für die Kleinkind-Betreuung angelegten Wohnverbänden und Kleinsiedlungen verbreitet, in einem gewissen Umfang Gartenbau zu betreiben. Die überschüssigen Produkte werden entweder privat abgegeben oder an entsprechende Stellen geliefert, ggf. auch im Tausch gegen andere Produkte.

Der Gartenbau-Betrieb:

- der Anbau von Gemüse: Kartoffeln; Tomaten; Zucchini; Zwiebeln, Lauch; Gurken, Bohnen, Kohl-Sorten aller Art, Kürbis usw.,
- der Anbau von Obst wie Erdbeeren, Beeren-Sträucher (Himbeeren usw.) und Bäumen (Apfel, Birnen, Kirschen, Pflaumen usw.)
- der Anbau von Kräutern und von Blumen: zur Zierde, aus Interesse an Botanik, zu Nutzzwecken wie die Sonnenblumen-Kerne, zum Würzen oder auch zu medizinischen Zwecken.

70

An Kleintier-Haltung kommt etwa in Betracht:
Kaninchen, Meerschweinchen; Hühner, Gänse; Schafe, Ziegen,
Schweine…

Vielleicht ist damit auch der „Kleintier-Bedarf" der Kinder gestillt, vielleicht gibt es darüber hinaus Vögel, Hunde, Katzen usw. Weitere Tiere wie Pferde finden sich in dem Kinder- und Jugend-Farm-Bereich im Kinder-Garten und für ältere Kinder in weiteren Bereichen des Biologischen Instituts.

3.2.2 Die Kinder-Garten-Anlagen

Ein Beispiel für den Übergangs-Bereich mit Blick auf die Anlauf-Häuser

Nach dem Ende der (evolutionär ursprünglichen) Säuglings-Phase beginnt etwa im Alter von 3 Jahren eine neue Entwicklungs-Stufe, die in Hinsicht auf die äußeren Gegebenheiten von bedeutsamer Konsequenz ist.

Die Kinder werden körperlich und vor allem geistig ein entscheidendes Moment selbständiger. Erikson bezeichnet die hier zuerst aufkommende Stufe als >Initiative vs. Schuldgefühle<.

Bei uns ist diese Phase mit dem Brauch verbunden, die Kinder in einem Kindergarten unterzubringen. In Telotopia ist dies ähnlich, doch auch entscheidend anders. Das Konzept des >Kinder*gartens*< geht in die richtige *Richtung,* ist aber effektiv weiterzuentwickeln.

In Telotopia gilt die wissenschaftliche Einsicht, dass eine tatsächliche Pädagogik zunächst einmal darin besteht, den Kindern einen kindgerechten Lebensraum mit für sie interessanten Lern- und Tätigkeitsmöglichkeiten samt der Möglichkeit zu dem Kontakt zu mindestens einem Elternteil zu bieten.

Diese Einsicht ist dort in der Anlage der Kinder-Gärten umgesetzt. Diese Kinder-Gärten sind eine spezielle, weitgehend mit einer Hecke umgebene größere Einrichtung in einer Art Park, die in Anlage und Ausstattung auf die Bedürfnisse, Interessen und Möglichkeiten der Kinder in dem Alter von ca. 3 bis 10 Jahre zugeschnitten sind.

Diese Kinder-Gärten sind also nicht bloß für die Kindergarten-Phase angelegt - die in Telotopia Primar-Stufe genannt wird -, sondern auch für die Entwicklungen der Grundschule bei uns (in Telotopia Sekundar-Stufe sowie Beginn und Übergang zur Tertia). Von diesen Zusammenhängen in dem Kinder-Garten können die Kinder selbst ihre Entwicklungen und Lern-Formen in Tempo und Ausmaß bestimmen, und die verschiedenen Angebote an Spiel und im Lernen werden in dem Kinder-Garten immer aktuell auf die Interessen und Entwicklungen der Kinder abgestimmt.

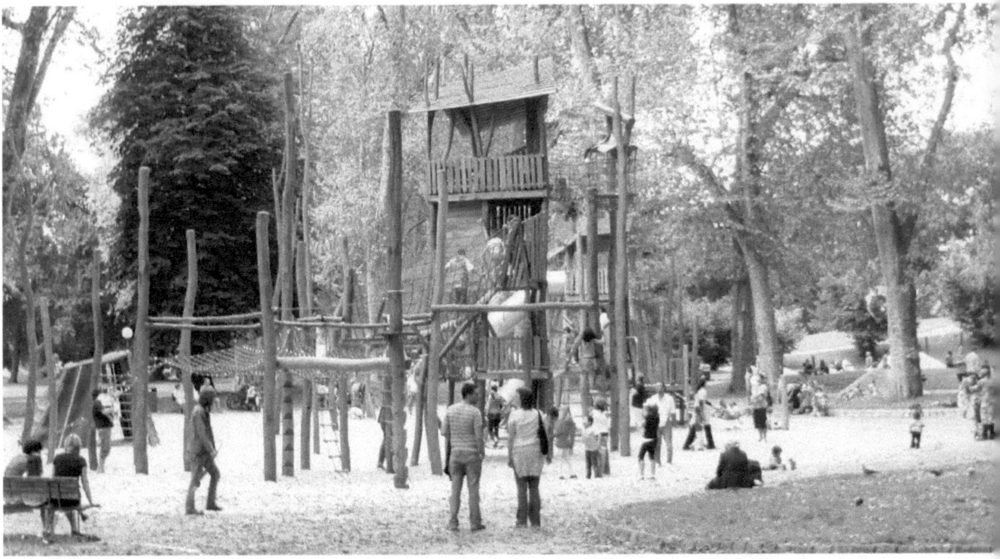

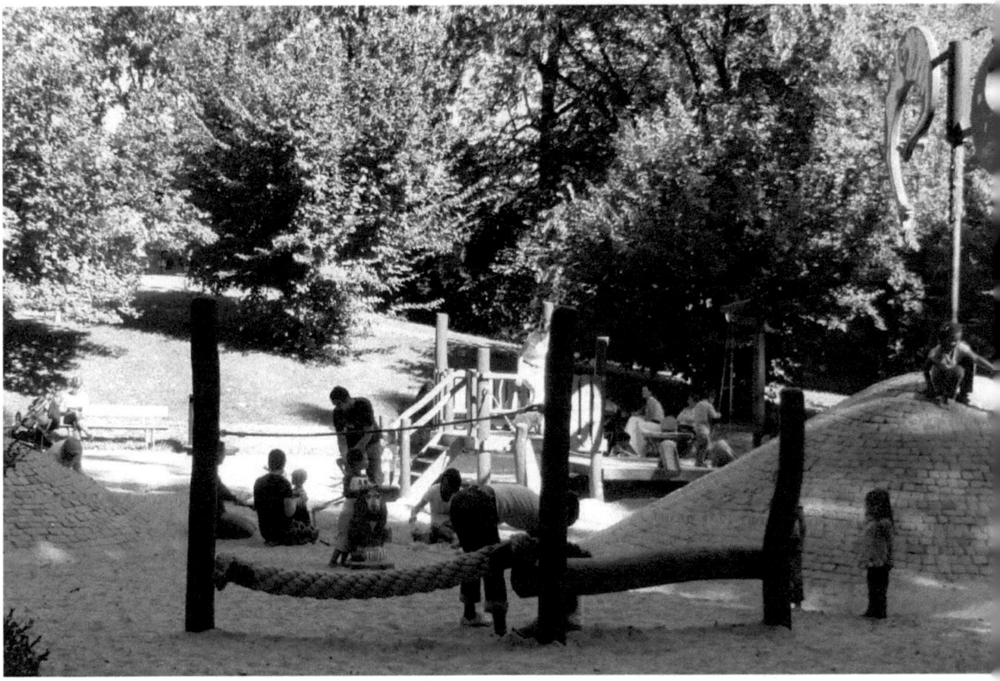

Am Wasser (Fluss, See)

Insgesamt sind die Kinder-Gärten von Telotopia ein Park voller Attraktionen für Kinder und Erwachsene. Er kann in Teilen >fantas-
tisch< wie ein Fantasia- oder Disney-Land angelegt sein. Er beinhaltet
eine Art Zirkus-Theater mit vielen Aufführungen, Erzählungen, Theater-Spielen, Figuren-Theater und Musik; eine Kinder-Farm mit Tieren und Gärten; eine Anlage mit verschiedenen Künstler-Ateliers und
Werkstätten mit Angeboten für Kinder und Erwachsene usw. Entsprechend ist es üblich, dass die Eltern diese um die Ecke liegenden kulturellen Möglichkeiten auch für sich selbst nutzen, vor allem in der Zeit,
wo die Kinder noch klein sind. Der Kinder-Garten enthält auch Ar-
beitsmöglichkeiten und Bildungsangebote für die Eltern, auch jenseits
eines Kinder-Kontextes.

3.2.3 Die Primar-Stufe

Auf jeden Fall lernt ein Kind aufgrund der Attraktionen für Kind und Eltern eine Kinder-Garten-Anlage schon vor dem Alter von drei Jahren kennen, zunächst freilich eher nur in (mit der Zeit zunehmenden) Ausflügen.

In Telboro gibt es 4 solcher Kinder-Gärten. Doch insgesamt hängt in Telotopia die Anzahl der Kinder-Gärten von den Naturgegebenheiten und der Anlage einer Boro und dem Aufbau ihrer Kultur- und Bildungs-Angebote ab.

Bei 4 Kinder-Gärten in einer Boro umfasst ein Jahrgang ungefähr ein Dutzend Kinder. Dies ergibt für unsere Kindergarten- = Primar-Stufe entsprechend der Jahrgänge 3 – 4 Dutzend, also bis zu etwa 50 Kinder und noch einmal so viel für die Grundschul- = Sekundar-Stufe. Da diese Stufen strukturiert sind, ist diese Anlage für die Erwachsenen und bald auch für die Kinder gut überschaubar.

Insgesamt umfasst ein Kinder-Garten-Park die verschiedensten Elemente und Einrichtungen. Diese sind nicht nur für die Kinder angelegt, sondern bieten auch den Eltern Möglichkeiten zu Aktivitäten für die Länge der Zeit, in der die Kinder dort verbleiben wollen.

Dazu gehören auch Waschmaschinen und die Möglichkeiten, Essen zuzubereiten, aber auch Möglichkeiten zu beruflichen und/oder kulturellen Aktivitäten. In diesen Kinder-Gärten gibt es auch Bereiche mit Gartenbau und Tierhaltung, die auch zur Selbstversorgung dienen. Wichtiger aber ist das bunte vielseitige und abwechslungsreiche Angebot vom einfachen Da-Sein über Spiel bis Arbeit in selbst bestimmter Mischung, die es auch für das Alter der jungen Eltern interessant machen, zumindest während der Kindergarten-Zeit (Primar-Stufe) ihrer Kinder dort auch selbst einen halben Tag oder mehr zu verbringen.

Es besteht für die Kinder keine Pflicht, in den Kinder-Garten zu gehen, weder allgemein noch im Tagesbetrieb. Die Anlage dieser Kinder-Gärten gilt in Telotopia >lediglich< als die allgemein optimale Form, mit seinen Kindern in Verbindung zu leben und wirklich etwas von seinen Kindern und ihrer einmaligen und letztlich kurzen Kindheit zu haben. Denn hier ist der speziell dafür eingerichtete Raum für die Lebendigkeit, die Kreativität und die Lebensfreude der Kinder und eine dialogische Beziehungs-Kultur mit den Kindern auf Augenhöhe. Die jeweils konkrete Ausgestaltung seiner Aktivitäten kann hier jede/r in gemeinsamer Kommunikation selbst bestimmen. Die Eltern fungieren hier nicht als „Aufpasser", nicht als die Verantwortlichen für die Unterhaltung der Kinder und nicht zwangsweise als die unabdingbaren Spiel-Partner. Als >Aufpasser< an den Spielplätzen und –Geräten gibt es dort, wenn dies nicht Eltern oder Großeltern übernehmen, Pädagog/innen. Die Eltern können, ganz wie sie wollen, in Gemeinschaften zusammen sein, ein Buch lesen, auf dem Rasen picknicken, an Spielen teilnehmen oder Arbeiten und Tätigkeiten nachgehen. Es soll nur auf jeden Fall zumindest eine Bezugsperson für das Kind *selbständig* nach seinem Bedarf erreichbar sein.

Der Aufbau der Kinder-Garten-Parks entspricht dem allgemeinen Entwicklungsprozess der Kinder. In ihren Eingangsbereichen liegen die Spielplätze: größere Sandkästen (mit entsprechendem Spielzeug), Spielgeräte, Rasenflächen zum Picknicken, Liegen oder Spielen, somit also der Bereich, der zuerst für die kindliche Entwicklung zentral ist.

Daran schließen die Einrichtungen an, die im Weiteren von Interesse werden. Noch weiter außen liegen die speziellen Einrichtungen für die Sekundar-Stufe und ganz für sich am Rand und optisch gut geschützt die Einrichtungen für die ganz anspruchsvollen Inhalte, wie etwa die Schreib-Werkstatt, die Mathe-Werkstatt und ein >Haus der Bücher< (mit Büchern für die Kinder). Dort können sich die Kinder in ansprechender ruhiger Atmosphäre von interessanten Personen in die Geheimnisse des Lesens, Schreibens, Rechnens und des Lebens (über die Bücher) einweihen lassen und sich darin einüben.

Insgesamt gibt es in den Kinder-Gärten noch weitere Einrichtungen, so etwa eine Art Zirkus, eine Kinderfarm mit Tieren, Gärten und Beeten, bei denen die Kinder mitmachen können, wenn sie mögen. Alle diese Möglichkeiten, vom Spielplatz bis zu dem Zirkus zu den Gärten und einem >Haus der Bücher<, liegen in dem Kinder-Garten in großer Nähe, vom Zentrum bis zu dem Rand kaum über 50 m auseinander. So können sich die Kinder ganz entsprechend ihrer Entwicklung diese Möglichkeiten Schritt für Schritt erschließen und diese dann ganz nach ihren Bedürfnissen und Interessen nutzen.

Die Anlage der Kinder-Gärten und ihre Struktur nimmt also die neue Entwicklung der Kinder auf, die in dem Alter von etwa 3 Jahren einsetzt. Für diesen Zugang sind zunächst die Spielplätze in den Eingangsbereichen angelegt.

Die Bekanntschaft mit den Kinder-Gärten beginnt für die Kinder damit, dass die Eltern mit ihrem Kind in dessen 3. Lebensjahr zunächst gelegentlich zu einem Kinder-Garten gehen. Wenn sie merken, dass bei dem Kind ein näheres Interesse daran erwächst, beginnen sie, sich und das Kind systematischer auf den Besuch des Kinder-Gartens einzustellen. Zunächst geht man gemeinsam häufiger in diesen Kinder-Garten. Wenn dies häufiger wird, wird man sich eine Wohnung in einer Nähe suchen, die das Kind bald selbständig zurücklegen kann.

Darin besteht der zunächst entscheidende Punkt für die kindliche Entwicklung. Das Kind soll über seine Aktivitäten soweit selbst entscheiden und hierbei auch mindestens eine Bezugsperson selbständig aufsuchen können.

Auf jeden Fall gibt es in guter Nähe zu den Kinder-Gärten einige Häuser, die für ein Wohnen mit Kindern in dem Kindergarten-Alter konzipiert und dafür bei Bedarf reserviert sind (ggf. auch speziell als Übergang für die Zeit der 4jährigen). Da es anspruchsvollere und/oder interessantere Wohn-Möglichkeiten in für größere Kinder kaum nennenswerter Entfernung gibt (z.B. 100 m), wird man in diesem Fall danach meist gerne wieder umziehen, wenn man nicht gleich dort eingezogen ist. Ab dem Alter von 6 dürfte eine Wegstrecke von 100 m oder wenigen Hundert Metern gemeinhin kein Problem darstellen, gibt es hier keine Gefahren eines Straßenverkehrs oder sonstiger Art.

Das Kind kann hier bald eigenständig den Arbeitsplatz von Mama oder Papa in dem nebenan gelegenen biologischen Institut aufsuchen

Selbst wenn hier die Mutter bzw. die Eltern mit ihrem Kind allein hierhin kommen sollten, so ist doch zu erwarten, dass auch noch andere bekannte Erwachsene mit ihren Kindern hier erscheinen. Von daher hat auch das Kind bekannte Spielkameraden, und auch für die Erwachsenen ergeben sich von dieser gemeinschaftlichen Basis her die unterschiedlichsten Möglichkeiten. Es wäre auf jeden Fall überhaupt kein Problem, wenn jemand von den Eltern für eine Stunde in eins der dortigen Häuser geht. Selbst wenn das Kleinkind plötzlich ganz dringend die betroffene Person brauchen sollte, ist immer ein bekannter Erwachsener da, der das Kind zu ihr bringen kann. Gemeinhin ist ein dreijähriges Kind nach ein paar Wochen zu der Orientierung in der Lage, bei Bedarf bei diesen geringen Entfernungen den Arbeitsplatz der Mutter oder des Vaters alleine aufzusuchen oder auch den Weg nach Hause allein oder zumindest im eigenen Rückgriff auf eine Bezugsperson zu bewältigen. Damit erreichen die Kinder eine entscheidende Stufe an Selbständigkeit.

82

Insgesamt verfügt ein typischer Kinder-Garten von Telotopia über:

- einen im Eingangsbereich befindlichen gut ausgestatteten Spielplatz mit Sand,

- eine Art „Bagger-Teich", d.h. ein kleiner flacher „See" mit Sand-Strand zum Plantschen und Matschen; evtl. auch über ein kleineres Schwimmbad;

- flache Gelände für Spiele wie etwa Fußball;

- ein Gelände mit Bäumen als „Abenteuer-Spielplatz" zum Buden-Bauen, Klettern und mit Feuerstellen;

- Häuser mit Küche und Ess-, Spiel- und Unterrichtsraum;

- Gartenanlagen und einen Kinder- und Jugend-Zoo-Farm-Bereich des Biologischen Instituts mit diversen Tieren wie Hamster, Ponys usw.;

- diverse Werkstätten und Künstler-Atelier;

- Hütten oder Zelte für Zirkus-, Erzähl-, (Figuren-) Theater-Vorführungen,

- Räumlichkeiten für Theater-Spiele, Musik, Tanz usw.

Weiterhin gibt es in der typischen Art Telotopias flexible Raum- und überdachte Möglichkeiten wie spannbare Planen, Zelte, Hütten und Bauwagen.

(Wald-Kindergarten)

84

3.2.3.1 Kreativität und Spiel

*„Die Wurzeln der Kreativität
liegen in der Kindheit.“* [3]

Der Märchenonkel im Einsatz

Neben Laut-, Sing- und Bewegungsspielen wird im Weiteren das Erzählen von Geschichten von Bedeutung und Interesse. Dies beginnt zunächst mit Märchen, erhält dann aber zunehmend, auch von dem Interesse der Kinder her, eine didaktische Logik in der Vermittlung von Gegebenheiten der Welt.

„Kleine Kinder lieben Geschichten und wollen immer wieder welche hören. Sie können komplexe Zusammenhänge begreifen, sobald man sie ihnen in Form von Geschichten präsentiert […].“ [4]

„Märchenstunden sind die höchste Form des Unterrichtens.“ [5]

„Ein guter Lehrer wird Geschichten erzählen. […] *Geschichten* treiben uns um, nicht *Fakten*. Geschichten enthalten Fakten, aber diese Fakten verhalten sich zu den Geschichten wie das Skelett zum ganzen Menschen. Wer glaubt, beim Lernen gehe es darum, Fakten zu büffeln, der liegt völlig falsch; Einzelheiten machen nur im Zusammenhang Sinn, und es ist dieser Zusammenhang und dieser Sinn, der die Einzelheiten interessant macht. Und nur dann, wenn die Fakten in diesem Sinne interessant sind, werden wir sie auch behalten.“ [6]

---

[3] D. Goleman, P. Kaufman & M. Ray: Kreativität entdecken, S. 60
[4] Oliver Sacks: Der Mann, der seine Frau, S. 242
[5] So der Hirnforscher Gerald Hüther: Was wir sind, S. 164
[6] (Der Neurowissenschaftler) Manfred Spitzer: Lernen, S. 35

Sehr beliebt sind Clown-Figuren

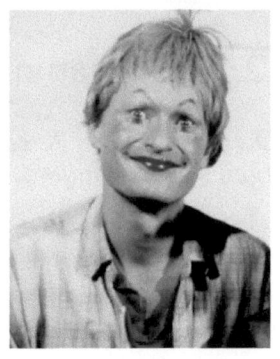

Dieses Erzählen wird auch in Form von Puppen- und Figurentheater und schauspielerisch geboten und in theaterartigen Rollenspielen aufgenommen. Wie schon das Zitat von Erikson unter „Initiative vs. Schuldgefühle" angesprochen hat, liegen in dieser Phase auch die Grundlagen des Spiels mit Rollen. Entsprechungen in Ausgangsformen von Theater sind hier von Bedeutung, um Erfahrungen bzgl. seiner Identität wie seiner Verhaltensfähigkeit zu schaffen. Erfahrungen mit Rollen-Spielen sind die einzige sichere Alternative zu Identititätslosigkeit, falschen Identifikationen und einer Fixierung auf Rollen – womit das menschlich Eigentliche an Persönlichkeit nicht erreicht würde.

Rollen-Spiele: Tiere nachspielen
Figuren-Theater: Spielpuppen, Spielfiguren, Verkleiden; Maske
Spiele: Geschicklichkeits-Übungen   Zirkus

3.2.4 Die Sekundar-Stufe

Erik Erikson schreibt zu der diesbezüglichen Stufe >**Werksinn**< als der *Alternative zur Entwicklung des Minderwertigkeitskomplexes*:

„Obwohl alle Kinder es brauchen, dass man sie zeitweilig allein spielen lässt (oder sie später den Büchern, dem Radio, dem Film oder Fernsehen überlässt, die wenigstens manchmal etwas zu bieten scheinen, das den Bedürfnissen des kindlichen Geistes entspricht), und obwohl alle Kinder Stunden und Tage in einer spielerischen Als-ob-Welt[*] verbringen müssen, werden sie doch alle früher oder später unbefriedigt und mürrisch, wenn sie nicht das Gefühl haben, auch nützlich zu sein, etwas machen zu können und es sogar gut und vollkommen zu machen; dies nenne ich den *Werksinn*. Ohne ihn reagiert das bestunterhaltene Kind, als würde es ausgebeutet. Es ist, als ob es wüsste und als ob seine soziale Umwelt wissen müsste, dass es psychologisch nun schon ein rudimentärer Erwachsener ist und daher anfangen muss, etwas zu arbeiten und für etwas Sorge zu tragen, ehe es auch biologisch ein Vater oder eine Mutter wird. [...] So wie es einmal danach strebte, gut zu laufen, etwas gut wegzuwerfen, so strebt es nun danach, etwas gut zu machen. Es entwickelt eine Lust an der Vollendung eines Werkes durch Stetigkeit und ausdauernden Fleiß. [...]

Drittens besteht die Gefahr (vermutlich die üblichste), dass das Kind in den vielen langen Schuljahren niemals die richtige Arbeitsfreude und den Stolz erlebt, wenigstens *eine* Sache gut zu machen. [...] Andrerseits ist dieses Stadium in sozialer Beziehung höchst entscheidend: da der Tätigkeitsdrang das Tun mit und neben anderen umfasst, entwickelt sich in dieser Zeit ein Gefühl für *Arbeitsteilung* und für *gerechte Chancen*.“ [7]

---

[*] Es geht bei diesem Spiel um >selbst entworfene Welten< als Ausdruck seiner Subjekt-Entwicklung
[7] Erik H. Erikson: Identität und Lebenszyklus, S. 102 - 105

Wenn Erik H. Erikson die Phase des >**Werksinns**<, die bei ihm bis zur Pubertät geht, bereits ab dem Alter von 6 Jahren ansetzt - was durchaus zutreffen dürfte -, so beschreibt dies unter unseren heutigen Verhältnissen eine beträchtliche Entwicklungsphase bei den Kindern.

In Telotopia stellt diese Bandbreite kein Problem dar, da damit keine Stufen an sozialer Hierarchie verbunden sind. Diese Entwicklung beginnt hier in der Primar-Stufe in dem Kinder-Garten und geht in fließenden Übergängen in die Pubertät.

Doch von der Anlage und dem Angebots-Charakter her ist diese Phase des >Werksinns< in Telotopia von dem Niveau her auf jeden Fall in zwei Hauptphasen zu unterteilen, in die Sekunda und die Tertia. Hierbei entspricht die Sekunda in etwa unserer (früheren) Grundschul-Phase, also grob dem Alter von etwa 6 bis etwa 9 oder 10, doch ohne feste Grenzen. Die Sekunda spielt sich im Eigentlichen noch in dem Kinder-Garten ab, wenn auch die Ausflüge zunehmen. Hingegen ist die Tertia bei allen Übergängen im Eigentlichen nicht mehr in den Kinder-Gärten angesiedelt und knüpft in erster Form an das gängige Boro-Leben an.

Im Übrigen sind auch die Sekunda-Kurse selbst nicht von einheitlichem Niveau, wie auch bei uns mit den Klassen 1, 2, 3 usw. Der grundlegende Unterschied zwischen Prima und Sekunda verknüpft sich damit, dass man bei der Primar-Stufe darauf eingestellt ist, dass das Interesse weniger auf die Sache als vielmehr auf das Spielerische und Soziale ausgerichtet ist und die Impulse der Kinder überaus sprunghaft sein können. Wenn ein Kind bei einem Mal-Kurs der Prima nach 5 Minuten wieder geht und dabei alles stehen und liegen lässt, ist das okay. Für die Teilnahme an Sekunda-Angeboten wird schon etwas mehr an Sachinteresse und an >Disziplin< vorausgesetzt, natürlich auch je nach Alter, nach den Bereichen wie den jeweiligen Stufen der Kurse. Im Großen und Ganzen kommen dabei keine größeren Probleme auf, weil es hier keinen fundamentalen Sprung von der Prima zur Sekunda gibt, sondern das Niveau in den Kursen ganz nach den Entwicklungen der Kinder Schritt für Schritt aufgebaut wird. Wenn man die Kinder reif für den nächsten Schritt hält, dürfen sie, wenn sie wollen, das fortgeschrittenere Angebot aufnehmen. Falls dies mit Wechseln am Ort und der/dem Lehrenden verbunden ist, wird dies persönlich vermittelt.

Im Grundlegenden kann man die besonderen Angebote der Sekunda über die Spielplätze und die Angebote der Prima hinaus etwa in folgende Hauptbereiche aufteilen:

- Zirkus – Theater – Basteln/Werkeln/Kunst als dem kreativ-spielerischen Bereich,

- der Kinder-Farm- und Haushalts-Bereich, der mit >Arbeiten< verbunden ist und

- der Unterrichts-Bereich, insbesondere zunächst mit Rechnen, Schreiben und Lesen.

Mit den richtigen Konzeptionen kann das etwas unterschiedliche Niveau von Kindern aufgenommen werden, so im theaterartigen Spiel bei der Verteilung von szenischen Rollen, bei den Beiträgen (z.B. Musik – Singen; Jonglieren) und von Aufgaben (wie im >Bühnenbau<, Malen; Basteln, auch von Kleidung). Ganz entsprechend können hier auch Erwachsene, die Eltern und die Großeltern wie auch >Behinderte< dabei sein.

Entsprechend sind hier >Kunst/Werkeln< und >Zirkus/Theater< mit Spielen, Geschichten, Musik, Tanz, Geschicklichkeitsspielen und Werkeln die Hauptansätze der Sekunda-Pädagogik von Telotopia.

Mit >Zirkus – Theater< kann auch der Bau von Hütten oder einem Bereich in der Art eines >Abenteuer-Spielplatzes< verbunden werden, im Ansatz in der Art einer Kirmes, eines >Marktes der Möglichkeiten< oder auch einer Ausstellung. Neben dem Alltäglichen wird man hier auch besondere Feste und im kreativen Bereich Ausstellungen anlegen. Dies vermag Entwicklungsschübe zu motivieren, und ihre Präsentationen können besondere soziale Highlights bedeuten.

Man kann in diesem Kontext auch Hämmern (Nageln), Sägen oder auch Reiten lernen. Viele praktische Fähigkeiten werden hier aufgenommen bzw. spielerisch vorbereiten. Von hierher lassen sich problemlos alle Brücken für die kindliche Entwicklung bauen.

Dies gilt auch in Hinsicht auf die eher praktisch orientierten Bereiche wie die Kinder-Farm und den Haushalts-Bereich wie in Hinsicht auf den Unterricht von Lesen, Schreiben und Rechnen.

3.2.5 Der Kinder-Farm-Bereich

In dem Kinder-Farm-Bereich (No. 3 auf den Karten)

Es gibt bei uns in der Kinder- und Jugend-Arbeit den interessanten Ansatz von Kinder- und Jugend-Farmen (s. dazu im *Internet*). Dieser Ansatz ist in Telotopia in Form eines Kinder-Farm-Bereichs in den Kinder-Gärten aufgenommen. Für die Jugendlichen könnte es in Telotopia auch besondere eigene Einrichtungen geben, doch werden sie dort schon – ganz nach eigenem Bedarf der Kinder - mit der Tertia in den landwirtschaftlichen Bereich einer Boro eingearbeitet und eingesetzt. Die Jugendlichen können auch dort Reiten lernen, doch haben die Pferde in Telotopia auch wieder eine praktische Funktion als Zugtiere, Rückepferde oder auch im Reiten für Kurierdienste zu den umliegenden Boros. So werden hier Interessantes, Hobby und praktische Funktion mit Synergie-Effekt auf eine neue Art verbunden.

Auf der Stufe der Sekunda ist dies in einer einfacheren Form als Kinder-Farm-Bereich in den Kinder-Gärten angelegt. Der Kinder-Farm-Bereich wird von dem örtlichen Biologischen Institut aus organisiert, und er kann von daher bei einem entsprechenden Interesse durchaus botanisch und zoologisch anspruchsvoller angelegt sein, so etwa mit Gewächshäusern, besonderen Pflanzen, Aquarien, Terrarien und vielleicht sogar ein paar (Zoo-) Tieren. Tatsächlich kann dieser Bereich etwas von Zoo haben. Auf jeden Fall ist er reizvoll angelegt, um die Kinder (und durchaus auch die Erwachsenen) für Botanik und Zoologie zu interessieren.

Aus dem Bereich des Botanischen Gartens

Es gibt dort auch einen grundlegenden Biologie-Unterricht mit Tier-, Pflanzen- und etwa Kräuterkunde. Hierbei gibt es auch wie im Museum einiges interessantes Anschauungsmaterial, etwa Skelette und Schädel verschiedener Tiere, schöne Federn, Muscheln und Schneckenhäuser, Fossilien (vielleicht sogar einen Dinosaurier-Knochen), Apothekengläser mit den unterschiedlichsten Inhalten, Bücher und in Form von Wandbildern Herbarien, die anregen, auch selbst kleine Herbarien mit Funden von besonderen Blättern und Blüten von seinen Ausflügen anzulegen.

Hierbei werden auch Bezüge zu der Nahrungs-Bereitung hergestellt. Es könnte gut sein, dass es hier (z.B. in den Gewächshäusern) besondere Beeren und besonderes Obst gibt, was sonst in der Gegend nicht vorkommt. Bestimmt wird man hier jedoch besondere Säfte, Smoothies, Fonds, Marmeladen und auch Farbmaterialien herstellen. Überhaupt kann man dort unmittelbar Obst, Salat, Gemüse, Kräuter und andere Produkte zur täglichen Ernährung in dem Kinder-Garten beziehen, was man in Teilen selbst ernten kann/muss. Dies ist nicht nur sehr gesund. Es entsteht auch durch das Erleben der Zusammenhänge ein ganz anderes Verhältnis zu seiner Nahrung. Die Abfälle der Nahrung werden dort auch kompostiert und sind damit auf einfache, sinnvolle und auch auf ökonomische Art >entsorgt<.

Doch insgesamt hat dieser Kinder-Farm-Bereich vor allem auch die Funktion, die Kinder an Tätigkeiten im Garten und im Umgang mit den Tieren einzuführen. Hierbei werden entsprechend dem Werksinn bei Interesse zunehmende Möglichkeiten geboten, mitzuarbeiten oder sich auch eigene kleine Beete anzulegen. Für einige Eltern ist dieser Bereich ein regelrechter Arbeitsplatz.

Selbstverständlich kann diese Arbeit in den Gärten locker aufgeteilt werden. Ggf. geht man morgens zunächst zu seinem Bereich, gießt bei Bedarf die Pflanzen und sieht und bespricht, was an Arbeiten ansteht. Auch der Arbeitsumfang erfolgt nach Absprache. Selbst bei den Erwachsenen geht man hier kaum über 4 – 5 Stunden Arbeit über den Tag verteilt hinaus. Vielleicht arbeitet man hier aber auch nur eine Stunde pro Tag oder auch nur in gelegentlicher Mithilfe bei besonderen Anforderungen (wie etwa im Frühling bei der Beet-Bereitung).

Letztlich ist das örtliche Biologische Institut für die Organisation in dem Kinder-Farm-Bereich zuständig. Doch da die Kinder im Allgemeinen an einigen Aktivitäten in dem Kinder-Farm-Bereich interessiert sind, gibt es normalerweise keine Probleme bei den Arbeiten – vielleicht mit Ausnahme von außergewöhnlich anhaltendem Schlechtwetter (jenseits der Wintersaison), wo die Kinder den Spaß daran verlieren. Natürlich können auch schon kleinere Naturkatastrophen wie Starkregen den gängigen Arbeitsprozess für das laufende Jahr über den Haufen werfen. Dies wird aber die Kinder nicht davon abhalten, im nächsten Jahr hier wieder dabei zu sein.

Im Urlaub auf dem Bauernhof. Mir (Mitte) hat im Alter von 9 das Mithelfen bei der bäuerlichen Arbeit wie Kartoffeln ernten, Heu laden (Foto) Spaß gemacht.

3.2.6 Die Tertia

Die Tertia bedeutet hier die höhere Stufe der Phase des >Werksinns< und reicht mit einem breiten Übergang bis in die Pubertät hinein. Dies entspräche hier ungefähr dem Alter von 10 bis 14/16. Der Beginn der Geschlechtsreife ist jedoch kulturell und von den Verhältnissen abhängig. Dieser Beginn könnte demnach in Telotopia zugunsten der spielerischen Phase (wieder) später ansetzen, doch ist dies hier nicht wirklich von Bedeutung.

Der Beginn der Tertia entsteht als Erweiterung der Sekunda. Er setzt damit immer noch in dem Kinder-Garten an, doch könnte der eigentliche Schritt zur Tertia auch durch einen Standort außerhalb des Kinder-Gartens markiert werden. Da hier die Entwicklungen entsprechend dem authentischen Stand der Kinder in einem fließenden Übergang angelegt sind, könnte Beides je nach den Interessen der Kinder gleichzeitig der Fall sein. Ein in bestimmten Aspekten interessiertes Sekunda-Kind kann in Kurse der Tertia gehen, wie ein Tertia-Kind sich insgesamt noch eher in dem Kinder-Garten verwurzelt fühlen kann, ggf. auch als Pädagoge/in für kleinere Kinder.

Als einem besonderen Standort der Tertia kommt eine spezielle Einrichtung des Biologischen Instituts von Telboro in Betracht. Diese liegt unweit eines Kinder-Gartens und im Schnittpunkt zwischen dem Boro-Zentrum und dem Außenbereich. Sie fungiert als besonderes Bindeglied zwischen den unterschiedlichen Bereichen, die in der Tertia entwickelt werden. In erster Linie dient sie als sozialer Bezugsrahmen für die Tertianer, als spezieller Treff-Ort, wo man sich vielleicht auch (ggf. mit selbst Geerntetem) gemeinsam sein Mittagessen bereitet und isst und wo dann Raum für gewisse eigenständige Lernübungen in der Art unserer Hausaufgaben (aber selbst bestimmt) zur Verfügung steht.

Insgesamt ließe sich die Stufe der Tertia als eine gewisse Vorform von Praktika, Ausbildungen und Studium bezeichnen, ohne aber damit den Bezug zu dem Kinder-Garten, dem Spielerischen und Kreativen zu zerreißen. Alle Formen der Tertia sind als Angebote wie als Anregungen und ganz nach Absprache mit den Tertianern angesetzt.

Wenn das Wetter gut genug dafür ist, werden mit den Tertianern nach dem Treffen am Morgen entsprechende Ausflüge unternommen: bei schlechterem Wetter in Inneneinrichtungen etwa des Biologischen Instituts, in Werkstätten, Betrieben und den Einrichtungen des Zentrums, bei gutem Wetter in die Naturbereiche der Boro, zu den landwirtschaftlichen Betrieben und einigen Außensiedlungen. Dies gilt zunächst auch schlichtweg zwecks körperlicher Betätigung. All dies wird dann zunehmend auf ein höheres Niveau gebracht.

Die Gänge in die Natur werden zunächst oft noch mit Spielen verbunden, so etwa einer >Schnitzeljagd< (wo die vorauslaufende Gruppe gewisse Zeichen hinterlässt und die nachfolgende Gruppe die erste aufspüren muss) oder als ein Wettspiel, wo an bestimmten >Stationen< bestimmte Aufgaben zu lösen sind, bis man zur nächsten Station aufbrechen darf usw.

Auf den >Exkursionen< wird dann in viele Gegebenheiten der Natur eingeführt. Man lernt nun alle möglichen Bäume, Sträucher, Kräuter usw. kennen. Man legt etwa ein Herbarium an, wo man getrocknete Blätter, Blüten und Kräuter für sich archiviert. Hierbei kann man dann lernen, welche Kräuter essbar, als Tee zu genießen und als Würz- und als Heilkräuter brauchbar sind. Auf einer höheren Ebene kann auch gelernt werden, was ein Bewuchs über die Böden und das Klima aussagt und wie die biotopischen Gesamtzusammenhänge in den verschiedenen Gegenden liegen usw.

Für bestimmte körperliche Betätigungen kann (über den Kinder-Garten hinaus) der Sportbereich von Telboro aufgesucht werden. Es gibt dort Außenbereiche für Leichtathletik und Spiele wie Fußball, Völkerball (Beachball), Hockey, Tennis usw. und Innenbereiche für Turnen, Klettern und Hallenspiele wie Federball (Badminton), Tischtennis, Handball, Volleyball usw. Eine gewisse körperliche Betätigung kann als natürliches Bedürfnis beim Menschen und auch bei den Kindern angenommen werden, ist der Mensch als >Zweibeiner< von der Natur her geradezu auf Mobilität angelegt. In Telotopia besteht nicht die Schizophrenie, dass man >Bewegung, Bewegung< predigt, aber den Menschen von klein auf an zu Hause und in der Schule wesentlich zum Sitzen verurteilt (was wohl konkret einige Gründe hat, sich aber im Wesentlichen aus einer schlecht angelegten Kultur ableitet).

Es gibt in Telotopia wohl auch sportliche Wettkämpfe, und man empfiehlt auch, gelegentlich an seine körperlichen Grenzen zu gehen, aber dies wird in Telotopia von einem den Körper und Gefühle bejahenden Ansatz her gesehen. Für Leistungssport und eine Überbetonung eines Wettkampf-Charakters hat man dort keinen Sinn. Es wird noch Fußball- und andere Meisterschaften geben, aber in der Art unseres Amateur-Bereichs. Ein Profitum im Sport gibt es in Telotopia nicht. Doch wären Radtouren und Reisen um die Welt möglich, und man könnte bei Interesse in Kombination mit anderen Tätigkeiten entsprechenden Hobbys in diesem Umfang nachgehen. Zu denken wäre etwa an Tätigkeiten als Sportlehrer/in, als Fitness-Trainer/in (etwa auch im Therapie-, Reha- und Senioren-Bereich), als Fahrrad-Kurier (auch mit Draisinen), im touristischen Bereich, als >Abenteurer< (in Verbindung mit journalistischen Tätigkeiten), als Kletterer in Forschungskontexten und im Reparatur-Bereich bei Hochbauten usw.

Nach den grundlegenden Einführungen in die Tertia wird den einzelnen Bereichen mehr Beachtung geschenkt. Es gibt bei den meisten Boro-Werkstätten Termine, an dem Tertianer (ggf. zuerst in Gruppen) zu Besuch kommen und sich die Tätigkeiten ansehen dürfen. Bei Interesse können dann Tertianer eine Art Praktikum machen. Dies beginnt gemeinhin zunächst in einem kleinen Umfang, etwa über eine kürzere Phase mit einer Stunde pro Tag. Bei einem ausgeprägten Interesse und entsprechenden Möglichkeiten kann dies auch schon umfassender angelegt werden. Insgesamt ist es aber die Ausrichtung von Telotopia, dass die Tertianer erstmal alles Mögliche kennen lernen und einen möglichst umfassenden Horizont ausbilden. Darauf ist auch das Bildungsprogramm der Tertia ausgelegt.

Diesem Ansatz wird auch durch die räumliche Ausweitung der Exkursionen entsprochen. Mehr und mehr geht es in Fahrten über die Boro hinaus. Dies betrifft sämtliche Ausrichtungen: in Sachen Natur etwa mit Touren auf Berge, einer Schifffahrt oder mit Wanderungen in besonderen Landschaften; zu bestimmten Museen, Burgen oder auch Freizeitparks (etwa auch zusammen mit der Familie); in Bezug auf bestimmte funktionelle Interessen Besichtigungen von interessanten Produktionsstätten und (vermutlich jedoch eher ab der Pubertät) von urbanen Funktionszentren (Stadtanlagen wie Altstädte, die Ansammlung besonderer Läden).

Eine Fahrt an einen See oder ans Meer

Diese Touren werden pädagogisch auch sehr gezielt eingesetzt, um vorschnellen Fixierungen auf gewisse Tätigkeiten und seine Boro entgegenzuwirken. Das Interesse an der Welt soll auch jenseits seiner Boro lebendig gehalten werden (das die ursprünglichen Kulturen des Homo sapiens durch ihre relativ freien Wanderungen pflegen konnten). Telotopia braucht die Boros, um nicht in anonymen und abstrakten Sozialverhältnissen den sozialen und demokratischen Boden zu verlieren. Doch die Boros brauchen die Verbindungen zu der Welt jenseits ihrer Boro, um nicht in Kleingeistigkeit und Beschränktheiten zu verwahrlosen. In der Stufe der Tertia wird dieser Horizont aufgebaut.

Im Praktischen richtet sich jedoch der Schwerpunkt der Entwicklungen der Tertia zunächst auf den landwirtschaftlichen Bereich und die Nahrungsbesorgung aus. Dies ist ein Bereich, der dem Verstehen, den praktischen Möglichkeiten wie auch vielfältigen Interessen der Tertianer entspricht (immer jedoch selbst bestimmt).

Was in erster Form schon in der Sekunda beginnt, wird in der Tertia der Sache nach auf ein höheres Niveau gebracht. Man lernt hier Gärten anzulegen und Pflanzen anzubauen und zu pflegen und evtl. auch eine gewisse Kleintier-Haltung.

Auch die Tierhaltung bedeutet hier einige weitergehende Aspekte. Dies wird in unserem Gebiet insbesondere die Haltung von Pferden berühren, die in den Boros relativ allgemein verbreitet sein dürfte. Die Pferde werden hier wieder als Zugtiere Einsatz finden, auch als Rückepferde in der Forstwirtschaft. Doch dürften sie auch für Kinder und Jugendliche als Reittiere von nicht geringem Interesse sein.

Nicht zuletzt dienen vor allem die Pferde wie seit je her dazu, die Tertianer auf die Themen Pflege und Beziehung vorzubereiten. Die Säugetiere haben im Knochenbau und den inneren Organen eine große Entsprechung zu dem menschlichen Körper. So können über die Biologie viele medizinische Kenntnisse vorbereitet werden, ohne diesen nicht bloß einfachen Bezug von vorneherein einzubringen. Zunächst darf erst mal richtig über die fantastische Bandbreite des >Wunders des Lebens< gestaunt werden, über die Vielfältigkeit von Pflanzen und Tieren, über die Komplexität ihrer Anlage, über die Zusammenhänge des Lebens und der Biotope und über die bei allen Unterschieden in Teilen doch vorhandenen Gemeinsamkeiten (wie die >Zelle< bei Pflanzen und Tier).

Es ist gut, auch in dieser Hinsicht einen großen Horizont anzulegen, bevor das Große Thema des Lebens bei den Tertianern mit seiner eigentlichen Wucht in den Raum tritt: die Endlichkeit und Begrenztheit des Lebens und seines Ichs. Leben und wirkliche Liebe sind nicht harmlos. Man kann sich wohl mit >ei-ei< zufriedengeben. Für Telotopia ergibt das jedoch keinen Sinn. Ein Sozialleben auf diesem Niveau hat keine Bestandsfähigkeit und funktioniert auch in wirklich selbst bestimmten Sozialverhältnissen nicht. In einer Boro würde das unmittelbar ersichtlich.

3.3 Pubertät und Jugend

Es geht bei der Pubertät nicht eigentlich um die Geschlechtsreife, sondern um ein von dem Beginn der Geschlechtsreife ausgelöstes erneutes Moratorium zur Entwicklung der Befähigung zur Selbststeuerung (= >Identität< oder >Ich<). Dieses neue Moratorium entstand nach dem älteren hominiden Moratorium des >Werksinns< in der humanevolutionären Entwicklung als Folge der Ablösung von der genetischen Verhaltenssteuerung der Tier-Stufe.

Wo bei den Tieren die Geschlechtsreife unmittelbar den erwachsenen Stand begründet, der in Elternschaft mündet, begründet das humanevolutionär entstandene Moratorium die menschlich völlig neuartige Dimension von >Persönlichkeit< und >Kultur<. Persönlichkeit bestimmt sich anders als auf der Tier-Stufe nicht mehr durch die Position in der sozialen Hierarchie (z.B. „Alpha-Tier"), sondern in der Befähigung zu Selbststeuerung und Kommunikation wie in der menschlich neuartigen Beziehungs- und Konfliktfähigkeit. Dies ist, wie die Länge des Moratoriums zwischen Geschlechtsreife und Erwachsenheit belegt, nicht im Nebenbei zu erreichen. Vielmehr ist diese Phase als das Eigentliche der humanevolutionären Entwicklung vom Tier zum Menschen zu sehen und evolutionär in seiner ganzen Phase für die Entwicklung dessen entstanden, worum es beim Menschen bei Persönlichkeit und Kultur geht. Es kann von daher nicht im Geringsten verwundern, dass, wenn diese menschlich entscheidende Entwicklung vernachlässigt wird, ein stümperhaftes Sozialleben und –Verhalten mit Macht, Konkurrenzverhalten, Gewalt und Kriegen entsteht – womit schon die Hominiden bei all ihrem Werksinn und ihrer technischen Intelligenz dem Aussterben verfielen.

Im Einzelnen hingen bislang das Verstehen der Prozesse dieses Moratoriums, der Begriffe („Pubertät", „Jugend", „Selbstbestimmung", „Mündigkeit" usw.), ihres Gestaltens und sogar die damit verbundene körperliche Entwicklung von der jeweiligen Kultur ab. Wie sich dabei >Erwachsenheit< (sozial wie auch juristisch) definiert, ist auch davon abhängig, welche Unterstützung das Individuum durch seine Sozialkontexte erhält und welche Verantwortlichkeit dem Individuum mit welchen Konsequenzen aufgebürdet ist.

In der Tertia werden ohnehin Unternehmungen und Fahrten häufiger und ausgedehnter. In dieser Form werden auch die spezifischeren Momente der Pubertät aufgenommen.

Diese Fahrten, die unter Anleitung besonders erfahrener Pädagogen durchgeführt werden, dienen dazu, die angehenden Jugendlichen in ihrer Ablösung von den Eltern und der Befähigung zu einem eigenverantwortlichen Verhalten zu unterstützen, was die bei uns diesbezüglich bestehenden Konflikte weitgehend erübrigt.

In Telotopia wird der Bereich Sexualität, Fruchtbarkeit und Nachwuchs schon von klein auf aktiv aufgenommen, natürlich didaktisch reflektiert. Dass es Männchen und Weibchen, Mädchen und Jungen gibt, wissen die Kinder schon von klein auf (nach meinen Erfahrungen sogar [mitunter?] schon erstaunlich früh). Es gibt in Telotopia aufgrund der dortigen Persönlichkeits-Entwicklung auch nicht das historische Problem der Verklemmtheiten und Überreaktionen bzgl. Nacktheit und Sexualität (zumindest nicht in diesem hochgradigen Ausmaß).

In der Tertia kommt diese Thematik wie in früheren Zeiten ganz natürlich im Kontext von Ackerbau und Viehzucht auf. Man schult in Telotopia in diesem Zusammenhang das Verstehen von Fortpflanzung, vielleicht zunächst im Besonderen in Hinsicht auf Pflanzen, aber auch in Hinsicht auf die Tiere. Ohne dabei speziell auf die menschlichen Gegebenheiten abzuheben, ist doch dieser Bereich didaktisch bewusst darin enthalten. Man zeigt hier anhand der Körper der Tiere und vor allem der Säugetiere wie Hunde, Schafe, Rinder, Pferde usw., dass der weibliche Körper Zitzen zum Säugen des Nachwuchses und eine Gebärmutter aufweisen, in dem der Nachwuchs aufwächst, und der männliche Körper Hoden und einen Penis, was dem Begatten dient. Diese Anlage ist in der Natur weit verbreitet, und mit dieser Vermittlung wird die menschliche Gegebenheit in einer allgemeineren Sicht von Biologie aufgehoben.

Von dort kann dann das spezifisch Menschliche ganz anders mit der Persönlichkeits-Ebene, der Auseinandersetzung mit seinen Gefühlen und Bedürfnissen und der Kommunikation als der entscheidenden Grundlage der menschlichen Beziehungs-Verhältnisse verbunden werden.

Von hierher gibt es auch keinen Bedarf an Geschlechts-Stereotypie – ganz im Gegenteil, diese wird in Telotopia als Hindernis zur Entwicklung von Persönlichkeit und tatsächlichen – nämlich personalen – Beziehungen betrachtet. Das Sensationelle von Sexualität verknüpft sich in Telotopia nicht mit dem Genitalen und Geschlechtsakten mit möglichst ranghohen („attraktiven") Geschlechtspartnern, sondern mit Liebe und (unaustauschbaren =) personalen Beziehungen.

Insofern erübrigt sich in Telotopia auch die Frage nach der Koedukation auf diesem Gebiet. In Telotopia wird es Angebote geben, die eher auf die Interessen von Mädchen und eher auf die von Jungen abzielen. Manches kann hier >nur für Mädchen< und >nur für Jungen< und ebenso gemischt angeboten werden. Die angehenden Jugendlichen entscheiden für sich selbst, was sie hier wünschen. Es bleibt hier anzunehmen, dass vor allem bei dem Aufkommen der Geschlechtsreife gewisse unterschiedliche Interessen bestehen wie auch das Bedürfnis, die körperlichen Veränderungen und neuen Fragestellungen erstmal ohne das andere Geschlecht für sich zu verdauen. Doch muss dies hier nicht von „oben" her bestimmt werden. Die Angebote sollten in die verschiedenen Richtungen gehen, und die angehenden Jugendlichen sehen selbst, was sie für sich als das Beste empfinden.

Dazu nur als Beispiel. Für Jungen könnten hier besondere >Abenteuer<-Touren von Interesse sein, etwa eine Expedition durch eine (nicht touristisch zubereitete) Höhle oder auch mit einem (entsprechend inszenierten) „Drachen-Kampf" usw. Für Mädchen könnten Fahrten zu besonderen Pferde-Farmen samt Reitmöglichkeit von besonderem Interesse sein. Dies enthält auch das Motiv von Partnerschaft und ist natürlich auch mit dem interessierten Blick >unter den Bauch< verbunden. Vielleicht wird man hier auch spezielle Kurse im Pflege-Bereich, ggf. im Besonderen auch im Kontext von Geburten und Säuglingen anbieten.

Im Weiteren gibt es dann besondere Kurse in der Begegnung zwischen den Geschlechtern. Es erscheint nicht unerheblich, die Anfänge in diesem Prozess anzuleiten und dabei Vorstellungen von brauchbaren Umgangsformen zu vermitteln.[*]

---

[*] Ich sehe hier einen Grund in dem Aufkommen von und in dem Bestand an historischer Barbarei (in dem Zerfall des Soziallebens und dem Aufkommen von Macht,

Eine altbewährte Form verknüpft sich mit Tanz. Dies kann zunächst mit recht vorgegebenen Mustern beginnen und dann zu selbst bestimmteren Formen an Interaktion überleiten. Optimale Möglichkeiten bietet eine qualifizierte Arbeit mit Theater-Formen. Gut zugeschnittene Rollen können den Jugendlichen helfen, sich zu artikulieren und selbst darzustellen. Dann lässt sich mit Vorführungen geeigneter Begegnungen und Beziehungen beginnen, wovon in Telotopia tatsächliche Vorstellungen bestehen dürften. Dies kann von den Jugendlichen mit eigenen Entwürfen fortgesetzt werden. Dabei lässt sich mit Verhaltensformen experimentieren und über eigene Vorstellungen reflektieren und kommunizieren lernen.

Denn in Wirklichkeit sind nicht Nacktheit und Sexualität das Problem und das zentrale Thema, sondern das Begreifen seiner tatsächlichen Bedürfnisse in der Komplexität des Umgangs mit potenziellen Partner/innen. Nichts erfordert mehr an Identität und Konfliktfähigkeit als Eros-Liebe. Doch wo Konflikt- und Liebesfähigkeit erworben sind, hat man die Grundlage, die negative Spannung der Konkurrenz- und Machtkämpfe in ein positiv spannendes Sozial- und Beziehungs-Leben zu verwandeln. Exakt darin lag das Erfolgsgeheimnis der human-evolutionären Entwicklung zu uns Homo sapiens.

Für weitere Fragen bzgl. der Vermittlung von Sexualität an Jugendliche wird es in Telotopia qualifizierte Sexualpädagog/innen geben, die nicht bloß biologisch informiert sind, sondern auch selbst etwas von Liebe und Beziehung verstehen.

Besitz und Patriarchat usw.) darin, dass die mit der Pubertät ursprünglich verbundenen Lern- und Bildungsprozesse am Ende der Eiszeit verfielen und man mit seinem Nachwuchs zwecks Stammes- oder Clan-Bündnissen Heiratspolitik betrieb. Von dieser Praxis her entstand auch die Idee der Tier-Zucht, die umgekehrt als neolithische Domestikations-Pädagogik zurückwirkte.

„jetzt ist eine neue art von sehnsucht entstanden, von erregung und von hingabe [...]. Es gab da aber das gefühl, erstmalig die fäden in der hand zu haben, nicht in vorgeformtes hineingezogen, nicht von undurchschaubaren handlungsabläufen und reaktionen gegängelt zu werden, sondern bei vollem bewusstsein selber die fäden zu spinnen. [...]"
verena stefan, häutungen (S. 88; 94)

„Liebe ist nicht in erster Linie eine Bindung an eine bestimmte Person. Sie ist eine *Haltung*, eine *Charakter Orientierung*, welche die Bezogenheit eines Menschen zur Welt als Ganzem und nicht nur zu einem einzigen >Objekt< der Liebe bestimmt."
Erich Fromm, Die Kunst des Liebens (Großdruck S. 75)

3.3.1 Die Quarta-Stufe

Insgesamt ist auf jeden Fall die Stufe der Quarta wesentlich für das soziale und kulturelle Lernen in der Entwicklung seiner Persönlichkeit und seiner Beziehungs- und Sozialkontexte gedacht und angelegt.

Eine besondere Rolle hierbei spielen Experimente mit einem Leben in einer Hütten-Siedlung. Es geht dabei zunächst noch nicht um ein dauerhaftes Wohnen in einer Hütten-Siedlung. Es beginnt im Prinzip genauso wie auf einer Reise mit Zelten und in Hütten, vielleicht zunächst für zwei Wochen. Dies könnte etwa in Fortsetzung einer Reise aufgenommen werden, wo vielleicht ein besonders gutes Gemeinschafts-Gefühl entstanden ist. Dieses besondere Erleben jenseits des gewohnten Alltags wird nun in die eigene Boro in den soweit bekannten Alltag zurück übertragen, um sich von dem Sozialisierten der Kindheit abzulösen. Damit soll im Besonderen vermittelt werden, dass gerade der **eigene** Lebenskontext im Alltag der Raum ist, seine eigenen Ideen, Vorstellungen und Fantasien von Leben zu erkennen, zu erproben und zu verwirklichen.

Die Aufgabe der Dozenten, die am Anfang wohl noch in Teilen unmittelbar in der Hütten-Siedlung dabei sind, ist es, die jugendlichen Erlebnisse einer neuen und eigenständig werdenden >Welt< aufzunehmen und die Prozesse an Kommunikation und Reflexion zu verstärken. Was an Lebensformen, sozialen Prozessen, Aktivitäten und Wohnformen wäre für sie wünschenswert? Welche Erfahrungen gibt es in diesen Hinsichten in der bisherigen Geschichte?

Diese Auseinandersetzung wird nun >in Betrieb genommen<. Nach dem ersten Kurs des vielleicht zweiwöchigen Hütten-Lebens in der eigenen Boro wird die Planung des nächsten entsprechenden Kurses aufgenommen. Vielleicht hat es der einen oder anderen Person nicht gefallen, die bei dem nächsten Experiment in dieser Konstellation nicht dabei sein wird. Vielleicht gibt es dafür andere Jugendliche aus der Boro (oder ggf. auch aus einer Nachbar-Boro, wo Kontakte bestehen), die beim nächsten Mal dabei sein will. Vielleicht will man es mal mit einem anderen Standort versuchen oder das eine oder andere für das nächste Mal (besser) vorbereiten. Die unmittelbare Nähe zu seinem Heimat-Kontext macht hier manches mehr und besser möglich.

Ein wichtiges Thema in diesen Kursen mit den Experimenten in den Hütten-Siedlungen wird die Architektur, die Einrichtung und wohl auch mal ein Bauen einer Hütte größeren oder kleineren Umfangs sein. Vielleicht wird man eine bestehende Hütte umgestalten oder mal ein Baumhaus, ein Tiny- oder ein Erdhaus bauen wollen; ein Dorf als Fort oder Burg mit Türmen (vgl. etwa die Hundertwasser-Entwürfe).

Auch ein Leben in Bauwagen oder in ausrangierten Waggons hinter dem Güterbahnhof wird gerne mal getestet.

Dieses in der Quarta zunehmende Hütten-Leben ist in Telboro der Ausgang, auf allen möglichen Bereichen seiner dortigen Existenz eine effektive Selbständigkeit und Bewusstheit zu vermitteln.

Dies beginnt mit dem Bau von Möbeln, Töpfern, Schneidern, Kochen, Gartenbau usw. Das Ziel hierbei ist jedoch keine wirkliche Autarkie, was aber vielleicht einige für sich (zeitweilig) als Ziel aufnehmen. Es geht vielmehr darum, eine Idee von den ganzen Elementen seiner Existenz zu bekommen. Damit wird man systematisch fähiger, sein eigenes Leben gezielt gestalten und sein Sozialleben verstehen und kommunizieren zu lernen. Dies wird bald für die Quinta-Stufe interessant, wenn durch seinen Nachwuchs eine vorläufige Festlegung in seinem nun selbstständigen Sozial- und Beziehungs-Leben erfolgt. Dazu zunächst einmal möglichst gut qualifiziert zu sein, ist der zentrale besondere Sinn der Quarta-Stufe und der etwaigen Experimente mit einem eigenständigen Hütten-Leben.

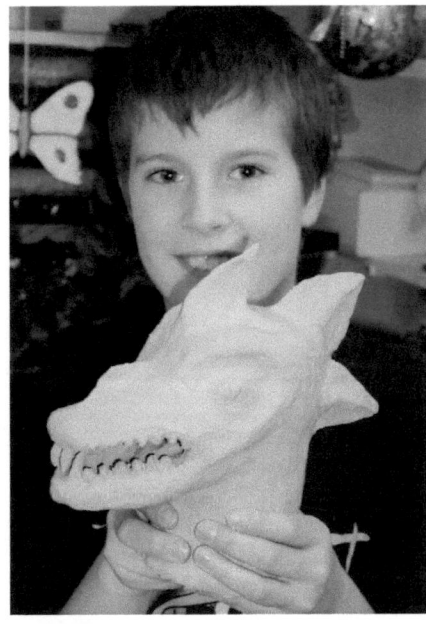

Hobby-Produkte des Autors samt pädagogischer Begleitung

3.4 Die Erwachsenen-Zeit
3.4.1 Die Quinta-Stufe

Ganz pauschal gesagt ist die Quinta die Phase der Twen-Zeit. Von ihrem Schritt von der Quarta-Stufe entspricht sie in Eriksons Modell der Phase >Generativität gg. Selbstabsorption<.

Mit der Quinta-Stufe verknüpfen sich nun ausgeprägter zwei grundlegend verschiedene Dimensionen: zum einen eine Stufe der Persönlichkeits-Entwicklung: dem Beginn effektiver Erwachsenheit – und zum anderen eine Stufe im Bereich der Ausbildungen, Studien und bzgl. der Tätigkeiten. Entsprechend kann hier >Quinta< in den verschiedensten Bereichen durchaus überaus Unterschiedliches bedeuten.

Im Besonderen ist die Quinta jedoch die Phase der Geburten und des Aufziehens der kleineren Kinder. Frauen können wohl nach Wunsch auch früher oder später Kinder bekommen (später etwa auch in den Fällen, wo ein Kind noch als Kind starb und insofern ein Recht auf ein >neues< Kind besteht). Doch im Allgemeinen gilt in Telotopia die Quinta biologisch, kulturell und auch biographisch als ideal für den Kinderwunsch.

Man verpasst hier in Telotopia nichts, sich vor allem in der Kleinkind-Phase in erster Linie seinen Kindern zu widmen – nichts an Sozialem, nichts an Ausbildungs- und beruflichen Chancen und vor allem nichts an Lebens-Qualität. Niemand ist hier aufgrund von Kindern isoliert. Das Erleben des Wachstums seiner Kinder gilt hier als spannend und als eine besondere Chance im Leben, und man steht in Telotopia in diesem Alter auch noch dem einfachen Leben der Kinder näher. Anspruchsvollere Studien, Forschungen, Reisen und beruflichen Tätigkeiten können bei Interesse immer noch aufgenommen werden – in Telotopia gemeinhin in seinen 30er Jahren, und es bleibt dafür dann immer noch Lebenszeit genug, persönlich wie auch gesellschaftlich.

Wer schon früh Vorstellungen von besonderen Zielsetzungen in seinem Leben hat, kann sich darauf auch schon während dieser Zeit in seinen 20er Jahren in den verschiedensten Formen vorbereiten (Kurse in der Boro, praktische Tätigkeiten, Fernstudium usw.).

Es ist hier auch niemand genötigt, es in dieser Form zu machen. Es gilt hier nur vom Allgemeinen als günstig wie als Durchschnitt, was aber deswegen nicht als normativ begriffen wird: weil das reale Individuum bzgl. der Persönlichkeits-Entwicklung die oberste Größe von Telotopia ist. Wer sich schon früh mit sehr Spezifischen verbunden fühlt (z.B. als mit hohem Können verbundener Musiker usw.), kann schon früh einen anderen Weg aufnehmen. Die Bildungsstufen sind in Telotopia nur der Tendenz nach altersbezogen, nicht aber absolut. Was bestimmte Spezialisierungen angeht, könnte man schon früh die Tertia aufnehmen und im Schnelldurchgang in der Sexta sein, was bei uns dem Studium entspricht. Man könnte wie bei uns schon früh in einer vollzeitlichen beruflichen Tätigkeit sein und erst in den 30ern oder gar in den 40ern zur Elternschaft kommen. Doch dürfte dies in Telotopia nicht oft der Fall sein, wäre aber völlig in Ordnung. Nur würde man in Telotopia diese Ausnahmen nicht als die Regel begreifen, und entsprechende Tendenzen stehen bei uns auch mit unseren Notstands-Verhältnissen in Verbindung, da das Ökonomische und also eine entsprechende ökonomische Situation an erster Stelle stehen.

In Telotopia kann man das Leben in jeder Hinsicht völlig entspannt aufnehmen. Hier hat man für sein Leben: für seine eigene Entwicklung, für seine Kinder wie für seine Beziehungen hinreichend Zeit. Von dort her legt sich die Phase nach Eriksons 6. Stufe = die Quinta für die Zeit, Kinder zu bekommen und aufzuziehen, nahe.

3.4.2 Das Erwachsenen-Leben jenseits der Elternschaft

In der höheren Twen-Zeit entsteht nun nach und nach ein anderes Verhältnis zum Leben. Bislang war das Leben von der Sozialisations-Entwicklung geprägt, wo Schritt für Schritt Neues in den Bewusstseins-Horizont eintrat, zuletzt über die etwaigen eigenen Kinder.

Wenn nun die etwaigen eigenen Kinder im Kontext der Prima beginnen, eine gewisse Eigenständigkeit zu entwickeln, entsteht damit auch für die Eltern eine neue Lebens-Phase. Vielleicht hat man bereits bestimmte Ideen, was man noch vom Leben möchte. Vielleicht ist man auch mit den Gegebenheiten hinreichend zufrieden, dass man das weitere Leben auf sich zukommen lässt.

Auf jeden Fall verbleibt hier noch sehr viel Zeit, das Leben zu leben, und es gibt dazu in Telotopia alle Möglichkeiten. Nehmen wir hier ein Alter von 28, sind es bis zu der Altersphase mit 68 noch volle 40 Jahre. Ökonomischer Druck besteht hier nicht. Man muss hier auch nicht hetzen, um sich attraktive Jobs und Positionen zu ergattern. Eine solche Haltung würde in Telotopia nicht als positiv, sondern als Problem einer mangelnden Reife gesehen.

Solange die eigenen Kinder noch nicht über die Pubertät hinaus sind, nimmt man diese Situation in Telotopia ohnehin als seine Prämisse. Lange Reisen über viele Monate oder Tätigkeiten in der Ferne würde man erst nach dieser Zeit aufnehmen. Dafür ist immer noch genug Gelegenheit.

Was sich mit dieser Altersphase in Telotopia häufig zunächst einmal verbindet, ist ein Interesse an seiner Weiterentwicklung. Dies kann höchst unterschiedliche Formen haben. Dies kann schlichtweg darin bestehen, sich jenseits der Kinder mehr Zeit für sich selbst und seine Interessen zu nehmen, oder auch, sich nun stärker seinen bereits bestehenden Beziehungen, Sozialkontexten und/oder Tätigkeiten zu widmen. Es kann jedoch auch darin bestehen, eine anspruchsvollere Tätigkeit oder auch eine Weiterbildung auf der Sexta-Stufe aufzunehmen.

3.4.3 Die Sexta-Stufe

Vom inhaltlichen Niveau entspricht die Sexta als Bildungsstufe Telotopias etwa dem, was bei uns als Studium, mit höheren Ausbildungen
und entsprechenden Tätigkeiten angelegt ist. Die Übergänge zur
Quinta sind fließend. Es wäre gut vorstellbar, dass Teile des Studiums
(bei uns) als Quinta angelegt sind, dort aber in lockerer Form. Die
Sexta-Stufe entspräche dann (in Teilen) der Abschluss-Phase des Studiums, dem Master und dann auch einer Promotion.

Für das gängige Leben in einer Boro braucht es keine Sexta-Ausbil-
dung, und diese macht im Rahmen eines dauerhaften Lebens in einer
Boro auch nur begrenzt Sinn. Für wen es wünschenswert ist, dauerhaft
auf der Boro-Ebene zu leben, wird die Lebens-Qualität für sich im Eigentlichen auf anderen Ebenen als in den Formen der Sexta finden
oder die Sexta-Angebote eher nur in Teilen in der Art von Hobbys
aufnehmen. Auch das gilt in Telotopia als absolut legitim und ist dort
recht verbreitet, da dort eine rege geistige Aktivität besteht.

Wohl ist Telotopia in einem gewissen Umfang darauf angewiesen,
dass es genügend Menschen gibt, die an Tätigkeiten mit der Voraussetzung der Sexta in Studium und Ausbildung interessiert sind. In einigen Bereichen der Medizin und für einige Technologien wie im
Computer-Bereich (und einer Weltraum-Forschung) bleibt dies unabdingbar. Doch wenn das Interesse am Sexta-Bereich in Telotopia nur
recht gering liegen sollte, wäre dies gar kein wirkliches Manko. Insgesamt stellt sich keine Notwendigkeit für ein hohes Ausmaß in diesem Bereich dar. Weiterhin sind bestimmte Jobs ähnlich wie bei uns
mit bestimmten Vergütungen verbunden. Für wen es in Telotopia von
echtem Interesse ist, in gehobener Form zu wohnen, der kann dies
über bestimmte Tätigkeiten erreichen. Doch wird in Telotopia darauf
geachtet, dass dies im Rahmen des Authentischen verbleibt. Hochsta-
pelei hat hier keine Chance. Auch können Land und Häuser nie zu
Besitz werden und sind auch nicht vererbbar.

Absolut notwendig für die Organisation von Telotopia ist der Sexta-Bereich – etwa im Verhältnis zu uns heute – nur in einem recht geringen Maß. Es bleibt aber anzunehmen, dass daran, genau wie bei uns, ein größeres Interesse besteht. So wenig auch nur irgendetwas dagegen zu sagen ist, ein Leben in einer Boro (oder gar einer einfachen klösterlichen Anlage innerhalb dessen) vollkommen befriedigend zu finden, so sehr ist anzunehmen, dass es einen Anteil an Menschen gibt, die es vom ganz Authentischen her reizen wird, sich etwas von dem entstandenen höheren technischen und kulturellen Potential zu erschließen. Nur wird dies statt in ökonomisch und machtpolitisch expansiver Form in Telotopia auf eine ökologische Nachhaltigkeit und soziale Lebens-Qualität ausgerichtet. Ganz wie dieses Interesse vorhanden ist, wird man in Telotopia Einrichtungen schaffen.

Da in Telotopia die Sexta-Ebene nicht aus dem biographischen Wettlauf um privilegierte Karrieren und Positionen resultiert, sondern aus der authentischen Persönlichkeits-Entwicklung heraus, setzt diese auf der allgemeinen Ebene nicht schon am Ende der Teeny-Zeit an. An sich ist dies wohl bei einer entsprechenden Qualifikation (Aufnahme-Prüfungen) durchaus möglich, und auch der Quinta-Bereich kann bei Interesse schon ein hohes Niveau erreichen. Doch gemeinhin nimmt man die Sexta-Stufe eher erst ab 30 in voller Form auf, wenn seine Kinder in der Sekunda eine gewisse Selbständigkeit erreicht haben, oder letztlich erst nach ihrer Pubertät.

Dies erscheint vielleicht auf den ersten Blick recht spät. Doch beginnt die Sexta nicht bei null. Es besteht hier nicht unser Verhältnis von Schule zu Studium. Es entspricht eher dem Bereich der Doktor-Arbeiten und Assistenten-Jobs. Die Vorstellung, dass dieses Alter für ein höheres geistiges und praktisches Niveau zu spät wäre, hat also keinerlei Basis. Vor allem bringt man hier auch von seiner Persönlichkeits-Entwicklung ein anderes Niveau im Verstehen der Sach-Aspekte und in der Aneignung des Stoffs mit.

Die Teilnahme an den Sexta-Kursen regelt sich, wie in Telotopia immer, durch die Erfüllung der Zugangsvoraussetzungen. Das Maß an Entwicklung und die zeitliche Verteilung und Länge bleiben wie immer selbst bestimmt. Es gibt hier keine >Semester<. Die Kurse können Stunden, Tage, Wochen, Monate und Jahre bestehen.

Immer wird man sehen, wie die Kurse funktionieren, von der Sache her, von den Gegebenheiten und von der Gruppendynamik her, und wird daraus die entsprechenden Konsequenzen ziehen. Vielleicht kommt ein völlig anderes Resultat als ursprünglich angedacht heraus, aber auch dies wird als gut betrachtet, weil es hier auf authentischen Prozesslogiken basiert.

Freilich braucht es ggf. bestimmter Qualifikationen, um weitere Kurse oder um entsprechende Tätigkeiten aufnehmen zu können, doch dies ist hier eine effektiv innere Logik. Man wird ohne diese Qualifikationen den neuen Stoff nicht verstehen und entsprechend angesetzte Aufgaben nicht erfüllen können. Man möchte auch selbst von niemandem medizinisch behandelt werden, der keine hinreichende Qualifikation erworben hat. Man möchte keine Kursleiter, die dem Stoff nicht wirklich gewachsen sind, und auch keine nicht hinreichend qualifizierten Betriebsleiter oder Boro-Vertreter. Immer geht es hier um eine Entsprechung zu den jeweiligen Funktionen und um nichts anderes.

Vielleicht ist hier die Sexta relativ bald z.B. um eine Septima zu differenzieren, wo letzteres auf das hinausläuft, was wir in gewisser Weise mit der Doktoranden-Stufe oder anderen Lehrgängen für *hochqualifizierte* Forschung- und Tätigkeitsbereiche assoziieren. Wie das Verhältnis des einen zu dem anderen nun genauer zu bestimmen wäre, ist hier müßig. Es wird auf jeden Fall ein ganzes Spektrum geben, was je nach Fachbereich und einer konkreten Stelle höchst unterschiedlich liegt.

In Telotopia gehört es zu dem Studieren selbst hinzu, seine eigene Logik dabei herauszufinden. Es gibt hier keinen Status zu gewinnen und keinen zu verlieren. Man studiert hier aus Interesse an Inhalten und/oder zwecks Qualifizierung für Tätigkeiten, die man in irgendeiner Form als Entsprechung seiner Persönlichkeit sieht oder dies zumindest in diesem Blickwinkel ausprobiert.

Es verhält sich hier genauso, wie es für den einen reicht, in normaler Touristen-Manier durch die Berge zu wandern (da für einen auch Anderes von Bedeutung ist), während Andere die Besteigung des Matterhorns und einige die Besteigung des Mount Everests als ihre Herausforderung empfinden.

Es ist eine Sache der jeweiligen Persönlichkeit. Die Unterforderung ist ebenso ein Problem wie die Überforderung. Dies soll in Telotopia vermieden werden. Die Kultur von Telotopia ist auf die Entsprechung zu den jeweiligen Persönlichkeiten hin orientiert und angelegt, weil man darin das Optimum gleichermaßen für die einzelnen Persönlichkeiten wie für die Gesellschaft und seine Kultur begreift. Sowohl die normale Bergtour als auch die Besteigung des Mount Everests ist >Leben<, sofern dies die – aktuelle – Entsprechung der Persönlichkeit ist, und Beides wird erst durch einen tauglichen sozialen Verbund ermöglicht. Eine Wanderung durch den Harz oder Schwarzwald usw. ist keine solche Sensation, nimmt aber auch nicht so viel in Anspruch und ermöglicht dadurch Weiteres. Demgegenüber ist eine Besteigung des Mount Everests ein ganz anderes Erlebnis, nimmt aber auch erheblich mehr an Energie, Risiken und Ressourcen in Anspruch. Unterm Strich gleicht sich dies im Verständnis von Telotopia aus. Die Ausrichtung ist dort nicht auf einzelne Punkte bezogen, sondern auf die Verwirklichung des Lebens, der Persönlichkeiten und dauerhaft gute Sozialverhältnisse, die durch die Entsprechung zu den jeweiligen Persönlichkeiten möglich werden.

So liegt etwa der Gewinn für einen Chefarzt in Telotopia letztlich ausschließlich darin, dass er in seinem viel spezielleren Interesse gefördert wird und damit eine ganz besondere Aufgabe übernehmen darf. Eine Motivation, Chefarzt zu werden, um damit Eindruck oder dick Geld machen zu können, hat in Telotopia keine Chance. Niemand würde dort einen solchen Persönlichkeitsstand für besonders vertrauenswürdig und qualifiziert erachten (schon spätestens im Studium nicht). Ein Chefarzt leistet in der Sicht von Telotopia nicht mehr als ein/e Krankenpfleger/in oder als eine Putzfrau oder ein Angler, sondern lediglich >Anderes<, was *alles* als gut, wichtig und anerkennenswert gilt. Die Unterschiede begründen sich hier allein durch die Persönlichkeitsanlage selbst. Der Gesellschaftsvertrag von Telotopia besteht darin, dass man sich gegenseitig die Entsprechung seiner Persönlichkeit zu ermöglichen trachtet, egal ob diese einfach oder anspruchsvoll ist. Was immer dabei ermöglicht wird, so ist es das real mögliche Optimum. Es wird nicht 100% des Erwünschten sein, aber das ist auch nur im >Himmel< möglich. Wo man erwachsen ist, wird man zu einem erwachsenen Verhältnis bzgl. der Abstriche kommen. Auf jeden Fall begründen sich hier die Abstriche nicht aus sozial verwahrlosten Verhältnissen und entsprechend geprägten Persönlichkeitsstrukturen.

So wird man einerseits an dem Erreichen seiner Träume und andererseits an seiner Befreiung von den Fixierungen darauf arbeiten.

Der Reiz zu einem Studieren und zu herausfordernden Aufgaben liegt in Telotopia in der jeweiligen Sache selbst und also in der Persönlichkeit begründet. Insofern gibt es hier (bis auf Notfälle) keine Eile außer dem persönlichen Interesse. In diesem Sachverhalt liegt aber die effektiv menschliche Substanz, auf die sich auch gesellschaftlich bauen lässt. Asoziale Motivationen an „Durchsetzung" und an „hohen Posten" haben hier keine Chance. Solche verqueren Persönlichkeitsformen würden in den universitären Kursen unweigerlich den Leitern und anderen Teilnehmern auffallen. Natürlich weiß jede/r Erwachsene in Telotopia, dass jede/r seine Grenzen und Macken hat, und das nimmt man auch für völlig in Ordnung. Diese Grenzen und Macken dürfen nur nicht die Ausführungen der jeweiligen Ämter und Tätigkeiten stören. Das aber wären Aspekte, die spätestens frühzeitig in der Ausbildung aufgenommen würden, wenn nicht schon – etwa in Theater-Spielen – in der Kindheit usw.

Es gibt ganz entsprechend „Filter" in den Ausbildungsgängen von Telotopia, da dort nie nur die Sache, sondern immer auch das Sozialleben und die Persönlichkeits-Ebene im Blick ist. Die Kursleiter/innen würden es auf allen möglichen Gebieten als Thema aufnehmen, wenn ein Verhalten in Ziel und Weg >inadäquat< ist. Man würde jeder Person verdeutlichen wollen, dass sie sich selbst keinen Gefallen tut, wenn die jeweiligen Ziele zu hochgesteckt oder falsch motiviert sind, wie man umgekehrt zu mehr zu ermutigen versucht, wenn man bei einer Person mehr Potential sieht, dies aber aus dem Interesse an der Person heraus.

Auf jeden Fall verhindert bei den gesellschaftlich relevanten Ämtern ein ganzes System an >Filtern<, dass diese von sachlich oder aber sozial und menschlich dazu ungeeigneten Personen übernommen werden. Wer >König/in< werden will, erhält in Telotopia im Theater-Bereich genügend Möglichkeiten, nicht aber im politischen oder einem technologischen Bereich. Fehler begeht wohl jeder einmal, doch in Telotopia gibt es *wegen dieser Filter in den Ausbildungen* keinen besonderen Grund, den auf den höheren politisch-verwaltenden Posten befindlichen Persönlichkeiten mit Misstrauen zu begegnen, weniger als hier etwa einem Chefarzt.

3.4.4 Das Leben leben

Man muss nicht studieren, nicht in ferne Länder reisen, nicht besondere Hobbys wie etwa Segeln, Surfen, Ski fahren usw. aufnehmen. Das reine (Mit-) Leben in einer Boro bietet schon an sich genug Lebens-Qualität. Ob Reisen, bestimmte Tätigkeiten und Jobs jeweils Glück oder Stress, Wert oder Problem sind, liegt nicht an den Sachen selbst, sondern in ihrer Entsprechung zu der Persönlichkeit, ihrer Situation wie zu den Sozialverhältnissen.

Das Entscheidende ist, immer genauer, näher und bewusster den Zugang zu sich selbst (seinem Selbst), seinen Gefühlen, seinen Beziehungen und Verhältnissen zu finden und dies als das eigentliche >Leben< verwirklichen zu lernen. Auf diese Weise entsteht für einen und damit gleichzeitig auch sozial und soziokulturell immer mehr Lebens-Qualität, worin der wirkliche Reichtum liegt.

„Wer aus Liebe etwas tut, erhält seinen Lohn in seinem Handeln, denn er drückt ein lebendiges Gefühl aus und verwirklicht sich selbst. Wer aus Anpassung etwas tut oder auf etwas verzichtet, was den anderen kränken könnte, macht eine innere Rechnung auf, die ihn an Vergangenheit und Zukunft bindet, aber der Gegenwart weitgehend beraubt." [8]

Man erschließt sich in Telotopia mit dem zunehmenden Alter mehr und mehr Möglichkeiten. Gelerntes ist gelernt, Entwickeltes entwickelt. Wenn man nun eine eingeübte Tätigkeit zugunsten neuer Tätigkeiten mal eine Zeit lang zurückstellt, dann mag man in dieser nicht mehr ganz fit sein, aber man wird daran bald wieder anschließen können.

---

[8] Wolfgang Schmidbauer: Die Angst vor Nähe, S. 68

Bei den inzwischen langjährigen Beziehungen macht es nun nichts mehr, wenn man sich mal für ein Jahr wegen einer Reise nicht sieht oder wenn man sich nun eingeschränkter sieht, weil man nun etwa wegen dem Studium oder einem Job zwischen Telboro und einem Funktionszentrum pendelt. So sammeln sich die Erfahrungen zu einer immer größeren Reichhaltigkeit, und hierbei hat man in Telotopia auch mit 40 durchschnittlich noch immer 30 oder auch 40 Jahre vor sich liegen.

Es ist witzlos, hier nun all die ganzen Möglichkeiten in ihren verschiedenen Gängen aufzulisten und durchzuspielen, da sie sich ganz spezifisch mit einer >Persönlichkeit< und seinem >Bewusstsein< verknüpfen.

Insgesamt sehe ich hier etwa 6 Bereiche, die in Bezug auf eine Gestaltung von Lebens-Qualität eine Rolle spielen:

1. **>Sein<**
2. **Hobbys, Kulturelles**
3. **Reisen, Wandern, Sport**
4. **Studieren, Forschen, Weiterbildung**
5. **Tätigkeiten**
6. **Beziehungen**

Dazu in Stichworten   :

1. **>Sein<**
   schlichtweg das Leben leben, am Sozialleben teilhaben
   als Spiritualität begriffen: Meditation, klösterliches
   Leben, Pilgern

2. **Hobbys, Kulturelles**
   Sport; Reisen, Wandern; Klettern, Bergtouren
   Kunst; Tanz; Musik; Theater
   Kochen; Basteln;
   Ehrenamtliche Tätigkeiten; Pflege-Dienste;
   Studieren, Forschen; Korrespondieren

120

3. Reisen, Wandern, Sport
verschiedene Länder, Kulturen, Gegenden besuchen
Wandern oder Radtouren um die Welt; Reiten

Bahntouren, Schifffahrten (Segeln usw.)
im Alter + für Behinderte mit speziellen Zügen und
Schiffen und Begleitung

5. Tätigkeiten
im Besonderen Medizin, HighTech; Koordinierungs-
Arbeit

6. Beziehungen
Kinder, Eltern; Liebe, Freundschaften; Gemeinschaften

Im Besonderen interessiert es mich, was im Rahmen einer 2er Beziehung alles möglich ist.

„Am Lagerfeuer erzählte Märchen, komplexe Sandgemälde und Tänze, welche die Mythen der Gruppen darstellen, hinterlassen keine Spuren. Doch sind gerade sie das Wesentliche des Menschseins von Wildbeuter-Gesellschaften." [9]

„Was hat den Menschen, und zwar auf dem gesamten Globus, zu einer künstlerischen Aktivität solchen Ausmaßes veranlasst? Der ungeheure Umfang der bereits existierenden Dokumentationen zeigt die Höhlenmalerei und Felskunst als ein weltweit verbreitetes Phänomen, das quantitativ über 90 Prozent der bekannten prähistorischen Darstellungen ausmacht. Die Felskunst [...] beginnt mit dem *Homo sapiens* [...]. Man fragt sich, was Menschen dazu veranlasst hat, überall die Zeichen ihrer visuellen Kreativität aufzudrücken. Es scheint, als handle es sich hier um eine Art vierter Dimension des Entdeckergeistes, der nicht nur die ihn umgebende Welt entdecken will, sondern auch die existentielle Beziehung des Menschen zur Natur und zur Welt begreifen will.

Angesichts kilometerlanger Galerien mit Felsgravierungen und mit Tausenden von Bildern, wie sie in verschiedenen Gebieten der sibirischen Tundra zu finden sind, stellt sich über dies die Frage nach den Künstlern, die diese Werke geschaffen haben. Wahrscheinlich waren es kleine Gruppen, die über Generationen hinweg immer wieder an dieselben Orte zurückkehrten, um hier die gleichen Handlungen zu vollziehen. Außer ihrer Kunst haben sie kaum etwas zurückgelassen, allenfalls ein paar Hüttenböden, Reste von Feuerstellen, einige rudimentäre Werkzeuge. Diese spärlichen Überreste jener Tätigkeiten, die zum wirtschaftlichen und physischen Überleben notwendig waren, stehen im Gegensatz zu ihrer immensen künstlerischen Aktivität. Könnte dies Ausdruck eines generellen Wesenszuges des Menschen sein?" [10]

---

[9] Roger Lewin: Spuren der Menschwerdung, S. 144
[10] Emmanuel Anati: Höhlenmalerei, S. 25 f.; S. 38

„Schaffen von Formen heißt: leben.
Sind nicht Kinder Schaffende, die direkt aus dem Geheimnis ihrer Empfindung schöpfen, mehr als der Nachahmer griechischer Form? Sind nicht die Wilden Künstler, die ihre eigene Form haben, stark wie die Form des Donners? [...]
Die Freuden, die Leides des Menschen, der Völker stehen hinter den Inschriften, den Bildern, den Tempeln, den Domen und Masken, hinter den musikalischen Werken, den Schaustücken und Tänzen. Wo sie nicht dahinter stehen, wo Formen leer, grundlos gemacht werden, da ist auch nicht Kunst."
      August Macke [11]

[11] in: Klaus Lankheit: Dokumentarische Neuausgabe von: W. Kandinsky & F. Marc: Der Blaue Reiter, S. 55; 59

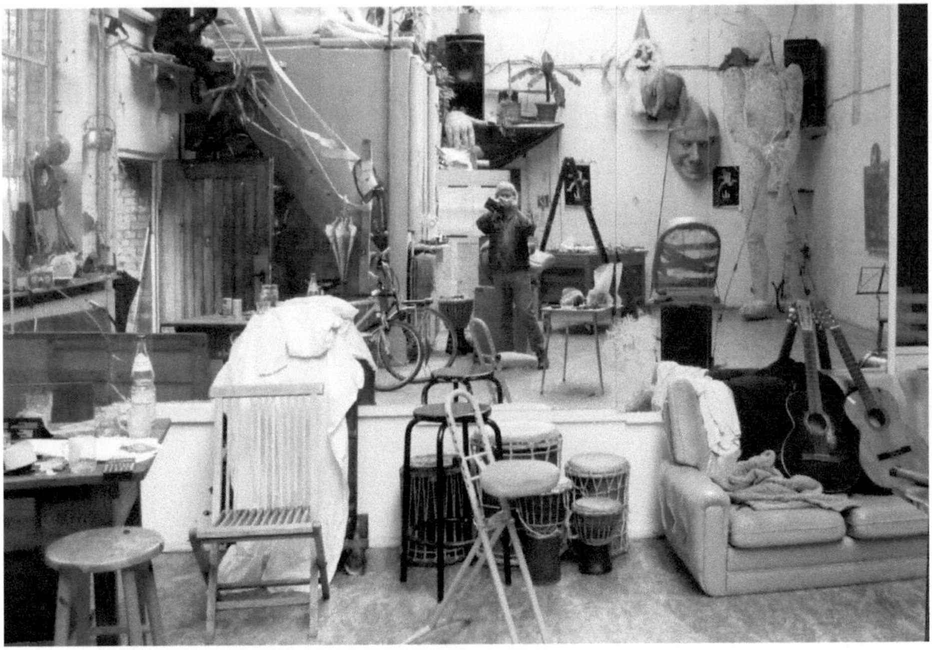

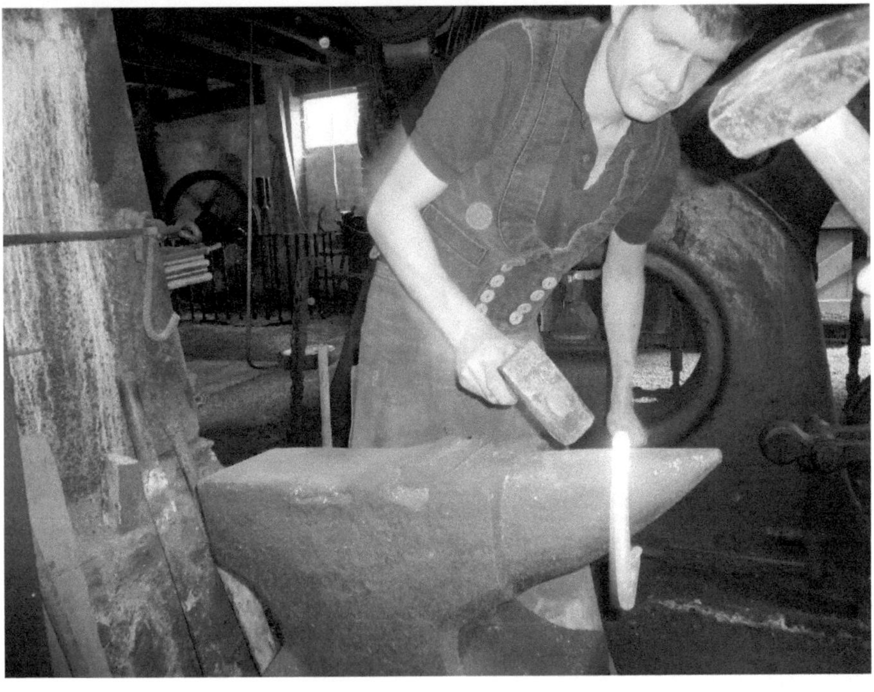

„Dieser geistig neuen Musik geht es darum, aus allen Musiktraditionen zu lernen, vergessene Hintergründe aufzuspüren und die ursprüngliche Funktion der Musik, ihre Bindung an tiefste menschliche Erfahrungen, wieder ins Licht zu rücken, ohne dabei einem naiven Eklektizismus zu erliegen. Es herrscht gegenwärtig ein Drang, die verschütteten Urquellen der Musik freizulegen, die allein den Weg zu einem neuen, den Menschen in seiner Ganzheit erfassenden Musik-Erleben weisen können." [12]

„Dieses sakrale oder spirituelle Element empfand ich auch in den Bewegungen selbst, dem ekstatischen Zittern, Kreisen, den Schlangenwindungen und in jenem heiligen Schauer, der mich immer wieder beim Tanzen ergriff. [...] Der Bauchtanz ist eine spirituelle Disziplin wie Yoga und Tai-Chi, er vereinigt Körper, Seele und Geist von Frauen und erschafft ein feminines Kraftfeld, in dem heilsame Prozesse der Reintegration erfolgen können." [13]

---

[12] Peter Michael Hamel, Durch Musik zum Selbst, S. 9
[13] Eluan Ghazal: Der heilige Tanz, S. 9 f.

Beim Theater (ich rechts um 1994)

„Das Wichtigste ist, dass der Verstand aus dem Gefühl hervorgeht. Man muss dem Körper also den Verstand zurückgeben. Der sich selbst reproduzierende Verstand schafft einen geschlossenen Kreislauf, den man aufbrechen muss durch eine Rückkopplung mit dem Gefühl." [14]

„Tanz: Sprache der Seele durch den Körper, Sprache des Geistes durch den Körper, Ausdruck des Unsagbaren - Kunst." [15]

---

[14] Min Tanaka, in: Michael Haerdter & Sumie Kawai: Butoh, S. 79
[15] Valeria Kratina, in: Ilse Loesch: Mit Leib und Seele, S. 197

Größere Radtouren durch die Welt erfreuen sich in Telotopia großer
Beliebtheit.

„Vielleicht wurden die Weichen für meine Reiseleidenschaft schon in frühester Kindheit gestellt [...].
Die Entdeckung der letzten wilden Landstriche Europas und das Leben im Freien ließen mich bei meinen ersten Wanderungen erahnen, wie sehr das Erleben des weiten Raums und der Schönheit der Natur ein Spiegelbild des von mir ersehnten inneren Friedens, der Freude und Freiheit war. Für viele Jahre sollte das Reisen abseits der ausgetretenen Pfade eines der wenigen Privilegien bei meiner inneren Suche sein. [...]
Doch vor allem faszinierte mich das Nomadenleben. Ich hatte das Gefühl, diese Menschen würden noch den Schlüssel zu den unermesslichen Weiten besitzen. [...]
Was bedeutet schon die Anstrengung, wenn sich nach dem Muskelkater der ersten Tage das Wohlbefinden des vergessenen, nun wieder in Form gebrachten, lebendigen Körpers einstellt, bereit zur Erforschung, zur Begegnung, alle Sinne geschärft." [16]

---

[16] Daniel Popp & Jean-Luc Manaud: Die Wüste lebt, S. 10 - 12

„Reisen heißt: leben lernen.“ Sprichwort der Tuareg [17]

„Ich wollte auch gut klettern können. Aus Ehrgeiz, aus Bewegungstrieb, aus Abenteuerlust. [...] Ich fuhr nicht ausschließlich zum Klettern, ich musste unterwegs sein. Ich musste frei gehen, frei wandern können, musste dann und wann auf einen Berg steigen können, um in der Stadt auf Dauer nicht verrückt zu werden.“

Reinhold Messner: Dolomiten, S. 114

---

[17] nach: Désirée v. Trotha, Heisse Sonne Kalter Mond, S. 151

„Ich zog in den Wald, weil ich den Wunsch hatte, mit Überlegung zu leben, dem eigentlichen, wirklichen Leben näher zu treten, zu sehen, ob ich nicht lernen konnte, was es zu lehren hatte, damit ich nicht, wenn es zum Sterben ginge, einsehen müsste, dass ich nicht gelebt hatte. Ich wollte nicht *das* leben, was nicht Leben war, das Leben ist so kostbar. [...]

Henry D. Thoreau: Walden, S. 98

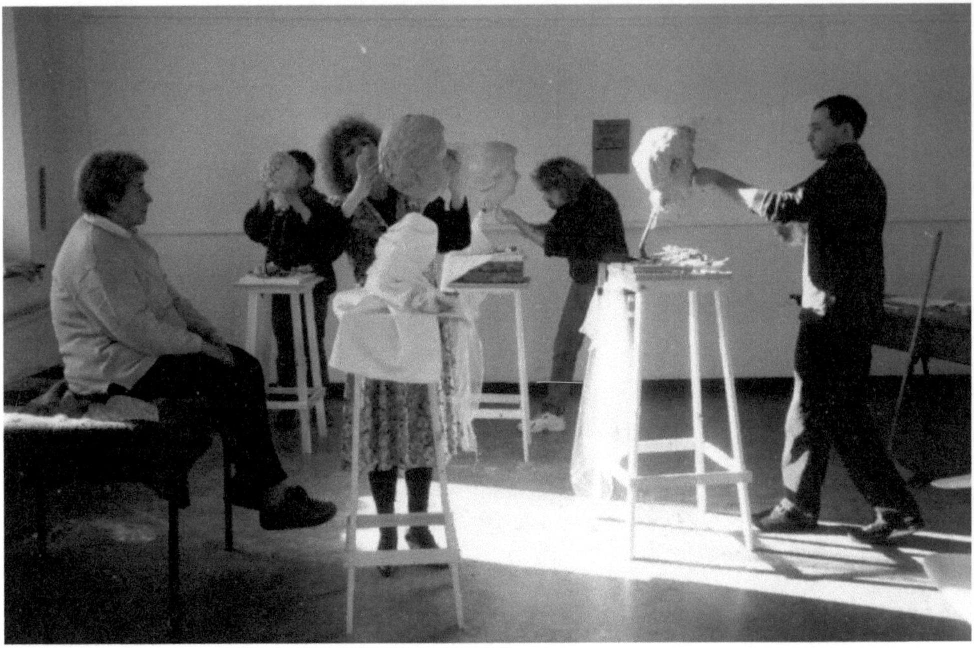

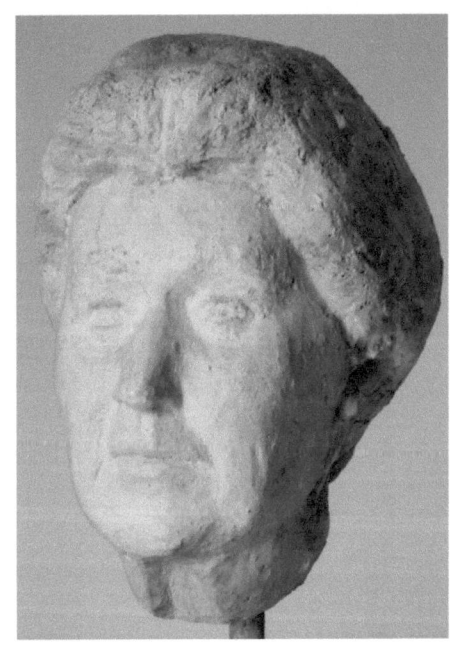

Portrait der alten Dame
(oben auf dem Tisch)
Zementguss

3.5 Das Alter

„Das eine wenigstens lernte ich bei meinem Experiment: wenn jemand vertrauensvoll in der Richtung seiner Träume vorwärts schreitet und danach strebt, das Leben, das er sich imaginisierte, zu leben, so wird er Erfolge haben, von denen er sich in gewöhnlichen Stunden nichts träumen ließ."

Henry D. Thoreau: Walden (S. 314)

Die Anlage von Telotopia ist nicht zuletzt für das Alter von größter Bedeutung. Denn sie bedeutet, dass hier das Alter in körperlicher, geistiger und sozialer Hinsicht nicht zur Quittung für sein Leben wird, sondern zur Ernte.

Was unter >Alter< zu verstehen ist, ist in Telotopia nicht formal definiert. Die Setzung mit 68 in der Tabelle der Bevölkerungsstruktur dient lediglich als Anhalt für die Theorie. Es gibt in Telotopia keine „Rente" in unserem Sinn – doch *immer* Versorgung -, und somit erübrigt sich auch die Frage nach dem Zeitpunkt des „Eintritts in das Rentenalter".

Wenn man das Kinderkriegen in Telotopia mit 25 ansetzt, würde man mit 50 zu Großeltern und mit 75 zu Ur-Großeltern. Auf jeden Fall ergäbe sich noch eine lange Zeit mit seinen Enkeln. Setzt man das Kinderkriegen bei 20 an, würde man bereits mit 60 zu Ur-Großeltern und hätte noch eine gute aktive Phase mit seinen Ur-Enkeln.

I.

So lässt wohl mit dem Alter die körperliche Energie nach, doch dafür erreicht man unter diesen Voraussetzungen mit dem Alter bis zum Zeitpunkt effektiver Senilität oder dem Tod eine zunehmende Höhe an Erfahrung. Dieses Nachlassen der Energie beginnt nicht erst mit dem Eintritt in das „Rentenalter", sondern schon nach dem biologischen Schub zum Erwachsensein, vielleicht schon spürbar in den späten 20ern und bestimmt in den 40ern. Und wie sich in gewisser Weise dabei Stufen ergeben, so ergeben sich umgekehrt auch gewisse Stufen an Niveau der erzielten Erfahrungen.

Es kann hier gut der Fall sein, dass von daher mit dem Alter eine natürliche Tendenz zur Schätzung des >Seins< entsteht: ein Leben mit mehr Ruhe und einer zunehmenden Konzentration auf das für wichtig Erkannte. Daraus begründet sich eine wohl quantitativ reduzierte, aber qualitativ entwickelte Aktivität.

Insofern erhält das Alter in Telotopia eine insbesondere im Bildungs- und Sozialwesen geschätzte Bedeutung, etwa im universitären Bereich, in der Sozialverwaltung und in den ganzen Formen der Meditationen, Supervisionen und Beratungen wie etwa auch im medizinischen Bereich.

---

* Meine Großmutter: ihre Geschichte wird erzählt von ihrer Tochter Christel Rücker: Der 4. Februar. Eine Kriegswitwe mit 6 Kindern erzählt vom Krieg, der Nachkriegszeit und ihrer Geschichte. Roman. Remscheid 2018

Der Bereich des betreuten Wohnens zwischen dem Institut für Gesundheit (4) und der Anlage des Biologischen Instituts (5), vgl. S. 24

II.

Ich nehme an, dass bei dem Lebensstil von Telotopia das durchschnittliche Lebensalter höher liegt als bei uns. Ich gehe aber auch davon aus, dass der Gesundheitszustand erheblich besser ist. Insofern sehe ich nicht, dass hier die Möglichkeit einer höheren Lebenszeit als ein besonderes Thema aufzunehmen wäre. Bei dem telotopianischen Prinzip von zwei Kindern pro Frau/Paar änderte sich an der Bevölkerungsentwicklung auf die Dauer nichts, und unter diesen Voraussetzungen entsteht auch keine veränderte Versorgungslage oder Schieflage in der Altersverteilung.

Insgesamt ist in Telotopia die Entwicklung des Alters eher ein fließender Prozess. Man wird in Telotopia auch in unserem Rentenalter weiterhin seinen Aktivitäten nachgehen, ganz nach seinem Bedarf und seinen Möglichkeiten wie nach dem sozialen Bedarf, wie vorher auch schon.

Der besondere Schnitt im Alter, der bei uns mit >Rente< markiert ist, ist in Telotopia am ehesten mit dem Schritt zu einem erneuten Leben in einem Wohnverband verbunden, falls man diese Lebensform aufgegeben hatte. Hierbei kommen insbesondere ein Mehrgenerationen-Wohnverband (z.B. auf einem Hof), ein Wohnverband mit Freunden und Bekannten sowie ein Wohnverband in einer Anlage des Medizinischen Instituts in Frage.

Dieser Schritt ist wie alles selbst bestimmt. Doch es besteht die Einsicht, dass, je später man die Veränderung vornimmt, man sich desto weniger auf sie einstellen kann, und man würde also ein zu hohes Hinausschieben einer Einstellung auf seine Alters-Situation emotional teuer bezahlen.

Das Alter ist in Telotopia nichts Negatives, keine Quittung für ein falsches Leben. Ist man auch in Telotopia mit den körperlichen Problemen des Alterns konfrontiert, so ist man dort jedoch fähig, sich die Entwicklung der Erfahrungsdimension wirklich zu Nutze zu machen.

4 Die Gesamtanlage von Telotopia

4.1 Die Boros und ihre weltweite Netzwerk-Organisation

Telotopia wird in ihrem Eigentlichen erst durch die weltweite Netzwerk-Organisation ihrer Boros dauerhaft möglich. Der eigentliche Grund dafür liegt im politisch-sozialen Bereich. Die Naturverhältnisse bieten rein regional meist nicht die notwendigen Ressourcen und sind auch ohne besondere Umbrüche schwankend genug, als dass eine soziale Organisation auf einer bloß regionalen Ebene dauerhaft das Überleben sichern könnte. Schon die eiszeitlichen Kulturen waren von daher mit größeren Wanderungen und mit Netzwerken verbunden, wie es Fundmaterialien belegen. Bei der mit der Sesshaftigkeit notwendigen Nahrungsproduktion konnte man wohl in guten Zeiten Überschüsse erwirtschaften, die man dann für Handel einsetzen konnte. Doch bei der Ausweitung der Sesshaftigkeit und der sonstigen Besitz-Verhältnisse entstanden in schlechten Zeiten zwangsläufig Probleme, konnte man nun sein Überleben nur noch durch Diebstahl, Raub und Gewalt sichern (von daher >März< nach dem lat. Kriegsgott Mars, waren zu dieser Zeit nach dem Winter die Vorräte oft erschöpft, dass kriegerische Raubzüge als einzige Alternative zum *eigenen* Verhungern blieben).

Aus diesem Grund kam es historisch mit der Bronzezeit vor ca. 5000 Jahren zur Entstehung der Nationalstaaten, wie z.B. Ägypten. Erst auf dieser Größe dieser Reiche konnten regionale Versorgungsprobleme einigermaßen ausgeglichen werden, und erst diese Reiche erreichten damals zeitweilig die Macht, sich die weiteren notwendigen Ressourcen zur Not zu >erobern< (z.B. damals Bronze), wenn sie nicht durch Handel zu erhalten waren. Sowohl diese „Macht" als auch die Abhängigkeit von Ressourcen (nicht bloß für Energie) ist durch die Industrialisierung enorm angestiegen – und damit auch die Problematik von Diktaturen, Gewalt und Krieg. Es gehört schon Beträchtliches dazu, dies angesichts der ständigen Belege zu ignorieren.

Der Grund für die weltweite Netzwerk-Organisation von Telotopia liegt also im Eigentlichen nicht im technisch-materiellen Bereich, sondern darin, dass dies letztlich die einzige Form ist, Diktaturen und Kriege unnötig zu machen, weil man damit aufkommende Ressourcen-Probleme anders als durch Gewalt lösen kann. Dies gilt nicht bloß für Missernten in Regionen, die durch Lieferungen aus anderen Regionen kompensiert werden können, und andere einfache Naturkatastrophen wie Sturmschäden, Überflutungen usw. Es gilt vor allem für solche – wenn auch recht seltene – Naturkatastrophen wie (Super-) Vulkan-Ausbrüche oder größere Meteoriten-Einschläge, die Umsiedlungen im großen Stil notwendig machen. Diese Probleme lassen sich nicht auf einer Regional-Ebene lösen, evtl. nicht einmal auf einer nationalen Ebene. Erst ein weltweiter Netzwerk-Verbund kann als die menschlich machbare Lösung der politischen, wirtschaftlichen und weltanschaulichen Problemstellungen betrachtet werden.

Solche Groß-Probleme sind freilich selten. Im Allgemeinen bräuchte es von daher kein Parlament und keine Gremien auf der Welt-Ebene. Wo Telotopia eingespielt ist, haben diese Einrichtungen jenseits dieser seltenen Superkatastrophen keine zu hohe Bedeutung. Sie dienen dort eher zu einer Supervision, um von diesem obersten Aussichtspunkt zu prüfen, was in den Strukturen der Weltverhältnisse noch unbefriedigend ist und wie es vielleicht besser gehen könnte. In diesem Sinne werden hier auch innovative Entwicklungen verfolgt und in Hinsicht auf ihre mögliche Nützlichkeit für die sozial-kulturellen Verhältnisse Telotopias debattiert. In ihrer Funktion der Supervision dienen die entsprechenden Gremien auf der Welt-Ebene in Telotopia eher als Koordinations- und Verteilungsstelle, wo die Anfragen und Vorschläge von den unteren Ebenen gesichtet und in bestimmten verarbeiteten Formen an die entsprechenden Einrichtungen der unteren Ebenen weitergegeben werden. Eine effektive Entscheidungs-Instanz wäre solch ein Parlament auf der Welt-Ebene fast allein in den Fällen von Super-Katastrophen, in den sozial die Weltverhältnisse berührt sind.

Insgesamt ist dieses Parlament auf der Welt-Ebene einfach nur die oberste Stufe der von den Boros unten her aufgebauten übergeordneten Organisations-Struktur, die die Boros und ihr kulturelles Niveau erst wirklich sichern kann. Völlig autarke und politisch >souveräne<

Kleingesellschaften wie die früheren Stämme und die antiken Polis-Stadtstaaten dürften heute in unseren Gebieten in Teilen nicht einmal zum Überleben hinreichen und von daher früher oder später in dauerhaften Kleinkriegs-Verhältnissen münden, ähnlich wie vor einiger Zeit in Papua-Neuguinea, nur auf „höherem" Niveau.

Bedürfnisse zu einer kleinteiligen Autarkie, wie etwa auch einer klösterlichen Anlage mit Selbstversorgung, lassen sich gut auf der Boro-Ebene unterbringen. Es wäre hier bei den normalen Allgemeinverhältnissen in Telotopia kein Problem, wenn sich auf der Boro-Ebene eine Gemeinschaft vom >weltlichen Leben< zurückziehen möchte. Auch diese wäre eine Selbstbestimmung und im Rahmen der gängigen Verfassung von Telotopia und den Regelungen der jeweiligen Boro möglich.

Alles in allem: es geht nicht um ein >Zurück zur Natur<, wie man früher angesichts der historischen Fehlentwicklungen meinte, sondern um ein >Zurück zu Kultur< wie insbesondere zu einer Steuerung seiner Sozialverhältnisse in gemeinschaftlicher Kommunikation. Denn darin bestand das Entscheidende der humanevolutionären Entwicklung, die erst das Aussterben zu verhindern vermochte, dem die vorausgehenden Hominiden verfielen.

Leider kam es in den gigantischen Naturkatastrophen am Ende der Eiszeit verbreitet zu einem substanziellen Verlust an Kultur. Autoritäre Strukturen, Diktaturen, Gewalt und Macht waren die alsbaldigen Folgen. Wohl kam es zur Lösung der entstandenen Notstandsprobleme auch zu historischem Fortschritt, der mitnichten geringgeschätzt werden soll. Doch deswegen ist bislang das Eigentliche im Verlust von Kultur noch nicht behoben. Dies wird erst dann der Fall sein, wenn man das Fundament der humanevolutionären Fitness im Überleben zu rekonstruieren vermag: der Schaffung von Sozialverhältnissen auf der Basis gemeinschaftlicher Kommunikation.

Dies wird hier in der Anlage der Boros gesehen, doch in Verbindung mit der übergeordneten und insgesamt einer weltweiten Netzwerk-Organisation. Auf dieser Basis ist Telotopia auch zu einer Weltraumforschung und zu Raumfahrt in der Lage – aber dies ist hier und heute in Wirklichkeit nicht das dringendste Thema.

4.2 Die gewohnheitsrechtliche Verankerung der Organisation von Telotopia

Dass sich in Telotopia insgesamt gut und einfach leben lässt, begründet sich nicht bloß in der Boro-Struktur, die im Wesentlichen ein selbst gestaltetes Leben als Person in konkreten überschaubaren Gemeinschaften ermöglicht. Nicht weniger von Bedeutung ist, dass Strukturen erreicht sind, die im Wesentlichen dauerhaft funktionieren. Von hier aus ist die Anlage von Telotopia auch im Wesentlichen gewohnheitsrechtlich fundiert. Solange keine *substanziellen* Veränderungen notwendig oder gewünscht werden, kann jede Person und Institution selbst bestimmt im Rahmen der gewohnheitsrechtlichen Struktur leben und handeln. Von hier aus ergibt sich ein geringer Aufwand an umfassender Organisation, was wiederum eine tatsächliche Steuerbarkeit der Gesamtstruktur ermöglicht.

In diesem Sinn erscheint hier von großer Bedeutung, dass die Strukturen von Telotopia nicht ständigen grundlegenden Umwälzungen unterworfen sind, der alles zu einem ständigen Umbau ohne ersichtliche Perspektive zwingt. Bei uns ist die Gesellschaft zu einer Großbaustelle ohne wirklichen Plan und ohne reales Ziel geworden. Das spiegelt wider, dass die historische Dynamik infolge unbewältigter Konflikte und aufgekommener Macht-Kämpfe von einer Flucht nach >vorne< bzw. nach „oben" („Hochkultur") bestimmt ist: nämlich im Grunde an die Spitze *der Macht*. Das Problem dieser paralytischen Entwicklung lässt sich nur lösen, wenn man in der Auseinandersetzung mit Geschichte zu klaren Vorstellungen sinnvoller Sozialverhältnisse kommt, an deren Bau man sich dann begibt. In diesem kulturarchitektonischen Entwurf geht es nun darum, das Funktionieren einer solchen neuen gesellschaftlichen Anlage weiter zu durchdenken.

Auf jeden Fall erscheint das Bedeutsame für die Funktionsfähigkeit von Telotopia, dass sich eine taugliche Struktur eingespielt hat, die im Wesentlichen in der gängigen Lebensweise integriert ist. So lässt sich sagen, dass die ganz normale Gestaltung seines Alltags-Leben selbst das wesentlichste Element der Demokratie von Telotopia ist.

Die Demokratie von Telotopia hat ihre tragfähige Kraft, Wirkung und Energie in der allgemeinen Selbstorganisation seines Lebens. Das berührt hier nicht bloß das Private und auch nicht bloß die Boro-Ebene. Es begründet sich darin, sich mit geeigneten Strukturen das Leben insgesamt wieder anzueignen. Insofern braucht es hier nicht mehr so viel an Bestimmung der gesellschaftlichen Prozesse >von oben<, die, weil alles in die Weltmarkt-Prozesse verwickelt ist und wird, in dem permanenten gesellschaftlichen Umbau alles so mühselig machen. Wohl gibt es in Telotopia natürlich immer noch die Notwendigkeit ihrer politischen Bestimmung, von der einzelnen Boro bis zu den höchsten Instanzen. Doch ist der eigentliche Bereich wirklicher politischen Bestimmungen aufgrund der eingespielten Regelungen auf allen Instanzen gering, dass diese Bestimmungen überschaubar: sozial beherrschbar und damit auch wieder tatsächlich demokratisch geworden sind.

In gewisser Weise könnte man also formulieren, dass fast das gesamte Leben von Telotopia gewohnheitsrechtlich angelegt ist. Mit der auf den Menschen ausgerichteten Konzeption entsteht ein Fundament, bei dem auch über den eiszeitlichen Kleinverband hinaus die Strukturen von Telotopia bis zu den höchsten Instanzen hinauf wieder Kultur sind. Dies setzt freilich voraus, dass diese Strukturen auf der substanziellen Ebene keinem schnelleren ständigen Umbau unterworfen, sondern wieder zu dem stabilen Gerippe einer lebendigen Existenz geworden sind. Aus diesem Grund ist auch ein weiteres Bevölkerungswachstum in Telotopia insgesamt ausgeschlossen, woraus im Grundsatz die Begrenzung auf 2 Kinder pro Frau folgt.

Es geht bei diesen >Strukturen< aber nicht um >Stein<, wie man dies im Mesolithikum erstrebte (Megalith-Kultur: woher auch die Konzeption des „Staates" [= >steh^{e}n< - >Stein<] stammt), um den durch die damaligen Natur-Umbrüche am Ende der Eiszeit aufgeworfenen Chaos-Problemen wieder Herr zu werden. Man verfügte hier noch nicht über die Erfahrung, die damaligen Umbrüche auf eine andere Weise zu verarbeiten als mit dem Versuch, die Verhältnisse festschreiben zu wollen. Diese Konzeption hat auf die Dauer nur in Australien funktioniert. Im Nahen Osten wurde dieser Ansatz angesichts der immer weitergehenden Naturveränderungen jedoch erst recht zur Ursache von – nun selbst verschuldeten - sozialen Chaos-Problemen.

Von hier her lässt sich mit dem heutigen Überblick über die Humanevolution und Geschichte sagen, dass nur eine Verankerung der Strukturen in anthropologisch fundierten Sozialverhältnissen und einer allgemeinen demokratischen Selbststeuerung dazu qualifiziert ist, mehr als nur eine kurzfristige soziale Stabilität zu bieten, wie es autoritäre und diktatorische Regierungen es im besten Fall vermögen. 100 Jahre und wenige Jahrhunderte sind wohl aus persönlicher Sicht überaus lang, doch evolutionär betrachtet nur eine Sekunde. Schon die Neandertaler hatten taugliche Sozialverhältnisse über Jahrzehntausende. Diese Zeiträume sind biologisch im Minimum die Größenordnung, bevor von einer tauglichen Kultur gesprochen werden kann, und im Gegensatz zu den Alten Kulturen hat noch keine vermeintliche >Hochkultur< diesen Tauglichkeits-Nachweis erbracht. Dies scheint auch ausgeschlossen, weil sie bislang immer >von oben< her aufgebaut wurde. Doch bin ich davon überzeugt, dass bei einem tauglichen Fundament, wie ich es in der Boro-Anlage sehe, eine tatsächliche Hochkultur dauerhaft möglich ist. Dies setzt jedoch eine eingespielte gewohnheitsrechtliche Praxis voraus – die in Lebendigkeit und fähigen Sozial- und Beziehungsverhältnissen wurzelt.

Die gewohnheitsrechtliche Anlage von Telotopia bedeutet, dass es einen bestimmten Rahmen auf allen Ebenen gibt, der sich als gängige Praxis eingespielt hat und als Referenz für das gegenwärtige Verhalten und die akuten Entscheidungen gilt. Innerhalb dieses Rahmens können also alle Personen und Instanzen nach ihren Einsichten und Bedürfnissen agieren, solange dies nicht gegen die Verfassung (Menschenwürde, Ökologie) oder gegen konkrete Bestimmungen (s.u.) verstößt.

Dieses Grundprinzip macht das ganze Sozialleben in Telotopia einfach und lebendig. Jede erwachsene Person und Einrichtung weiß im Wesentlichen aus der gängigen Erfahrung, wie die Regelungen aussehen, und kann von daher sein Leben in diesem Rahmen selbst bestimmt gestalten. Es braucht hier von daher keine große Verwaltung. Dieses Grundprinzip umfasst hier auch den ökonomischen Bereich. Auf der Basis-Ebene von Telotopia braucht es kein Geld, auch bei Reisen nicht unbedingt (s. dazu mehr unter → 4.3.4). Das Leben ist hier in guten Teilen einfach und patent. Es gibt dort die Probleme von gesellschaftlicher Verwahrlosung wie Gewalt, Armut, sozialem Elend usw. nicht. Auch höhere materielle Interessen können bei Interesse eingelöst werden, doch berührt dies speziellere Regelungen (s.u.).

Diese gewohnheitsrechtliche Anlage von Telotopia ist im Weiteren in bestimmte >Kategorien< aufgeteilt, so im Grundlegenden etwa wie folgt:

Kategorie 1: in dieser Kategorie sind keine allgemeinen Probleme bekannt oder ersichtlich. Es gibt hier genügend Nahrung, Produkte usw. Innerhalb dieses Rahmens kann selbst bestimmt gehandelt werden.

Kategorie 2: in dieser Kategorie gibt es wohl innerhalb des Üblichen keine Probleme, doch können hier je nach den Wetterverhältnissen im Jahreszyklus Grenzen erreicht werden. Bei bestimmten Tendenzen sind diese Entwicklungen im Blick zu behalten. Ggf. muss eine höhere Kategorie (3 ff.) angesetzt werden.

Kategorie 3: in dieser Kategorie sind die jeweiligen Prozesse grundsätzlich im Blick zu behalten. Hier sind wohl die Vorhaben prinzipiell möglich oder die Produkte im Prinzip erhältlich. Doch sind hierfür Absprachen und ggf. Planungen oder auch Beschlüsse in den jeweils verantwortlichen Gremien erforderlich. Dies gälte etwa, wenn man eine Klein-Siedlung an einem anderen Standort anlegen will, oder für besondere Materialen bei einem Bau, die von auswärts bezogen werden müssen. Dies gilt auch für das private Bestellen von bestimmten besonderen Produkten (etwa im Internet). Hier kann ein Bezug mit besonderen Bedingungen verbunden sein, die bei uns etwa einem >Preis< entsprechen, was in Telotopia jedoch auf andere Weise organisiert ist (s.u.).

Kategorie 4: Die Vorgänge oder Produkte dieser Kategorie liegen nicht innerhalb der gewohnheitsrechtlichen Ebene. Sie sind im Prinzip durchaus möglich, aber mit einem Prozess an Entscheidungen verbunden. Hier wäre etwa ein Antrag an das Boro-Parlament zu richten oder von einer Boro an das Regional-Parlament usw.

Kategorie 5 umfasst Gegebenheiten, die mit noch umfassenderen Auseinandersetzungen, Debatten, Beratungen und parlamentarischen Entscheidungen verbunden sind. Dies gälte etwa für die Frage eines Neubaus einer Stadthalle, einer Eisenbahnstrecke usw., also Projekte, die mit einem **außergewöhnlichen** Aufwand verbunden und entsprechend abzuklären sind.

Kategorie 6 verknüpft sich mit Notstandsproblemen, etwa bei besonderen Naturkatastrophen. Hier werden entsprechende spezielle Entscheidungen und Maßnahmen notwendig.

Vor allem bei Kategorie 6 wird ersichtlich, dass die Kategorien auf den verschiedenen organisatorischen Ebenen von Telotopia durchaus recht unterschiedlich liegen können. Eine für eine Kreis-Ebene aufgestellte Kategorie 6 könnte auf der Bezirks-Ebene als Kategorie 4 oder 5 eingestuft werden (zu diesen Entscheidungs-Ebenen → 4.4.3).

Die Kategorisierung spielt also sowohl in Hinsicht auf die Dringlichkeit als auch in Hinsicht auf den Umfang der organisatorischen Prozesse eine Rolle. Entsprechend dürfte diese Kategorisierung tatsächlich in der Praxis noch komplexer aufgestellt sein. Einfach macht es dieses System dennoch, da sich das Meiste innerhalb der Kategorien 1 – 3 abspielt und auch die Kategorie 4 noch auf der Ebene der *gängigen* institutionellen Arbeit der Parlamente oder Fachgremien liegt. Prozesse der Kategorie 5 sind relativ selten, doch auch darauf sind die Einrichtungen prinzipiell eingestellt.

4.3.3 Die politische Ebene: Verwaltung und Entscheidungsstrukturen

4.3.3.1 Grundsätzliches

Es soll hier gleich am Anfang dieses Abschnitts herausgestellt werden, dass hier unter >Demokratie< im Eigentlichen die Steuerung seiner Sozialverhältnisse auf der Basis >gemeinschaftlicher Kommunikation< gemeint ist.

Die Entwicklung der Steuerung seiner Verhältnisse auf der Basis gemeinschaftlicher Kommunikation war das entscheidende Moment der humanevolutionären Entwicklung in der Ablösung von der genetischen Verhaltenssteuerung der Tier-Stufe. Sie war offenbar die *einzige biologische* Alternative zu einer Steuerung seines Soziallebens auf der Basis von Macht, sozialen Hierarchien, Konkurrenzkämpfen und Gewalt. Denn mit Letzterem geriet die der Humanevolution vorausgehende Stufe der Hominiden (nach den Menschenaffen) gerade mit ihrer neuartigen technischen Intelligenz nach einem vorübergehenden Erfolg mit der Zeit in das evolutionäre Aus. Aufgrund der neurologischen Zusammenhänge in der Verhaltens-Anlage tritt eine entsprechende Problematik auch unweigerlich bei unserer Art Homo sapiens auf, wo eine gemeinschaftliche, tatsächliche Kommunikation nicht beherrscht wird. [18]

Angesichts der ruinös gewordenen Sozialverhältnisse kam vor ca. 0,5 Mio. Jahren die Ablösung von der genetischen Verhaltenssteuerung auf, die die humanevolutionäre Entwicklung begründete. Doch erst die Befähigung zu einer gemeinschaftlichen Kommunikation erreichte die entscheidende evolutionäre Lösung. Erst sie war bei dieser höheren Großhirn-Anlage dazu qualifiziert, ein produktives Sozialleben zu erbringen.

---

[18] ich spreche hier von >tatsächlicher< Kommunikation, weil ein bloßes >Reden< noch lange nicht schon Kommunikation ist. Dies wird nicht bloß in Hinsicht auf eine Fremdsprache ersichtlich.

Diese Befähigung als dem zentralen Inhalt von >Kultur< wurde aufgrund einer sehr bestimmten Sprach-Entwicklung endlich kurz vor unserer Art Homo sapiens erreicht: unsere Art Homo sapiens war mit ihrer *kulturalen* Anlage das evolutionäre Produkt dieser Befähigung.

Es ist in Bezug auf eine gesellschaftliche Steuerung von daher **unabdingbar**, das gesellschaftliche Fundament wesentlich in einer Lebensform zu verankern, die in Überschaubarkeit in gemeinschaftlicher Kommunikation selbst bestimmt organisiert werden kann. Dazu dienen hier die Boros, ihre Untergliederung und ihre Koordination im näheren Umkreis. >Demokratie< bedeutet hier **im *Wesentlichen*** jedoch **keine Politik**, die auf der Basis gelegentlicher >Wahlen< von oben her die Lebensform der Bevölkerung >regiert<. Das setzt soweit immer noch die feudale Form fort. Vielmehr bedeutet sie in Telotopia eine Struktur, die im Wesentlichen eine gemeinschaftlich kommunizierte Selbstorganisation ermöglicht. In dieser Form bleibt die entscheidende humanevolutionäre Entwicklung als Grundlage gesichert, was allein dauerhafte und produktive Sozialverhältnisse zu garantieren vermag.

Dies aber kann das zu Beginn der historischen Entwicklung entstandene Delegations-Prinzip nicht völlig erübrigen. Die Entstehung des historischen Fortschritts geht auf das Delegations-Prinzip zurück. Dieses Delegations-Prinzip war am Ende der Eiszeit nicht nur notwendig, um in Absprachen mit den umliegenden Sozialverbänden Kämpfe zu vermeiden, wo die Ressourcen knapp geworden waren. Noch bedeutsamer für die historische Entwicklung war der positive Aspekt, dass auf der Basis des Delegations-Prinzips völlig neue Möglichkeiten in der Organisation von Ressourcen entstanden. Dies löste nicht bloß die entstandenen Ressourcen-Probleme, sondern begründete auch den historischen Fortschritt. Die gewaltige Megalith-Anlage von Göbekli Tepe (Türkei – Grenze Syrien), deren Bau um 9.6000 v. Chr. begann und die bereits größer war als das erheblich spätere Stonehenge, ist hierfür das Beispiel. Verschiedene Materialien, doch mehr noch die sprachlichen Zusammenhänge zwischen den späteren Sprachfamilien belegen die enorme Reichweite der Netzwerk-Organisation von Göbekli Tepe. Das Netzwerk von Göbekli Tepe erreichte für über anderthalb Jahrtausende im Nahen Osten Frieden und Fortschritt, und es schuf in seinen sozialen und praktischen Techniken wie etwa der Züchtung von Weizen die kulturellen Grundlagen der zivilisatorischen Entwicklung.

Göbekli Tepe belegt jedoch in seiner Entwicklung auch den Umschlag von dem Delegations-Prinzip zur Entstehung von Macht und Herrschaft. Diese Problematik entsteht quasi zwangsläufig, wo organisatorisch mehr zu bewältigen ist, als gemeinschaftlich kommuniziert werden kann. Dies kann man heute schon in den kleinsten Gemeinschaften und Vereinen erleben. Bei ihrer Weite und der Menge der beteiligten Verbände und der notwendigen Klärungen wurde mit dem Anwachsen der Bevölkerung und dem Aufkommen der Nahrungsproduktion die Koordinations-Arbeit auf dem Göbekli Tepe zu komplex, als dass dies alles auf der Bevölkerungs-Basis nachvollzogen und entschieden werden konnte. Das Parlament von Göbekli Tepe verselbständigte sich mehr und mehr zu einer weitgehend selbständig entscheidenden >Regierung<. Damit aber begann der Niedergang von Göbekli Tepe um 8.800 v. Chr. Viele Verbände, die aufgrund ihres Abstands nicht so unmittelbar von dieser Koordination betroffen waren (wie vermutlich die späteren Sumerer), schieden aus einer direkten Beteiligung aus. Dies belegt sich an den deutlich geringeren Bautätigkeiten auf dem Göbekli Tepe, die um 8.000 gänzlich enden. Näheres kann hier aus der sprachgeschichtlichen Entwicklung erschlossen werden. [19]

4.3.3.2 Zu Telboro und Telotopia

In Telotopia könnte die Gefahr der Verselbständigung des Delegations-Prinzips dadurch bewältigt sein, als dass dort auf der grundlegenden Ebene weitgehend eine strukturierte Form von Selbstorganisation besteht. Wenn dort das Delegations-Prinzip auch überaus bedeutsame Funktionen hat, so bleibt hier doch das Ausmaß seiner Entscheidungs-Bezüge überschaubar. Diese Überschaubarkeit ist das hier entscheidende Moment. Mit ihr ist die Gefahr gebannt, dass das Delegations-Prinzip zur Herrschaft von oben her umschlägt.

---

[19] S. dazu etwa mein Werk zu >Mebuntu<

148

Ist diese Problematik gelöst, dann hat die Netzwerk-Organisation wie soweit auch in der historischen Entwicklung den Vorteil, Kämpfe um Ressourcen und die soziale Steuerung vermeiden zu können und technische + kulturelle Entwicklungen hervorzubringen, die erst durch eine überörtliche Organisation möglich werden.

Eine solche überörtliche Organisation ist auch durch die inzwischen unter solchen Gegebenheiten entstandene Bevölkerungsgröße und – Dichte auf unabsehbare Zeit unabdingbar. Es ist nicht zu sehen, dass die Boros ohne eine übergreifende Organisation Lebens-Qualität bieten könnten und längerfristig überhaupt existenzfähig wären. Diese überörtliche Organisation (incl. Recht, Ökonomie und Produktion) kann jedoch ohne das Delegations-Prinzip nicht demokratisch gesteuert werden.

Auf der Boro-Ebene

Auf der Boro-Ebene spielt das bei uns übliche Wahl- und Delegations-System keine sonderliche Rolle. Parteien gibt es in Telotopia nicht. Wohl gibt es dort ein Delegations-Prinzip, doch ist dieses auf der gewohnheitsrechtlichen Ebene auf gemeinschaftlicher Kommunikation und nicht auf >allgemeinen Wahlen< aufgebaut. In Telboro bestimmen die Siedlungen, die Ortsteile und die verschiedenen Einrichtungen für ganz entsprechende Regelungen ihre Vertreter als den Vermittlern der unterschiedlichen Kommunikations-Prozesse.

In der Boro sind die (hier vier) Ortsteile von Telboro die entscheidende Zwischenstruktur. Die Vertreter der Siedlungen und der Einrichtungen in dem jeweiligen Ortsteil bestimmen auf ihren Treffen ihre Vertreter im Boro-Rat. Die Art der Wahl, die der Vertretung, die Anzahl ihrer Vertreter und deren Aufgaben können dabei je nach Gegebenheiten überaus unterschiedlich sein. Bei Entscheidungen, die insgesamt die Boro berühren, werden auf der Ortsteil-Ebene besondere Vollversammlungen abgehalten. Wo das Konsens-Prinzip nicht funktioniert und Entscheidungen akut zu treffen sind, wählen die Anwesenden eine je nach Aufgaben bestimmte Anzahl von Vertretern, die die Position der Einwohner des Ortsteils auf der Boro-Ebene vertreten und die die Einwohner über die Diskussionen auf der Boro-Ebene informieren.

Der Boro-Rat setzt sich aus diesen Vertretern aller Ortsteile und ggf. bei bestimmten Sachthemen auch aus Vertretern des entsprechenden Fach-Instituts zusammen. Diese Vertreter haben hier die Brücken-funktion, den Kommunikations-Prozess zwischen den Einzelnen und der Boro-Ebene in beide Richtungen hin zu vermitteln. Nach Möglich-keit findet man bei den Entscheidungen einen Konsens. Sollte es sich erweisen, dass eine akut notwendige Entscheidung keinen Konsens findet, würde man zur Not auf eine Mehrheits-Entscheidung zurück-greifen. Dies betrifft jedoch lediglich einzelne Sachfragen oder außer-gewöhnliche Situationen (z.B. besondere Natur-Ereignisse).

Das Delegations-System

Das eigentliche Delegations-System wird erst auf den organisatori-schen Strukturen oberhalb der Boros von wirklicher Bedeutung. Dies beginnt auf der Kommunal-Ebene, die aus mehreren Boros gebildet werden, und setzt sich zur Kreis-Ebene als Koordination mehrerer Kommunal-Verbände fort. Wohl sind auch noch die Kommunal- und die Kreis-Ebene gängigerer Bestandteil des Boro-Alltags, worüber auch etliche Informationen laufen. Dennoch sind schon diese Ebenen nicht mehr so dicht in das Alltags-Leben eingebunden. So wird es von Relevanz, dass hier bewährte Personen die Verantwortung überneh-men, die Steuerungs-Prozesse dieser Ebenen zu verfolgen und die Ent-scheidungen zu kommunizieren. Dies gilt natürlich erst recht auf den noch höheren Koordinations-Ebenen.

Dieses Delegations-Prinzip erfolgt jedoch nicht über ein Parteien-Sys-tem und nicht auf der Basis allgemeiner Wahlen, sondern auf dem Mandats-Prinzip. Der **Rat** und das erweiterte **Forum** der Kommunal-Ebene, die aus mehreren Boros gebildet wird, bestehen aus Vertretern (Delegierten) der angeschlossenen Boros. Im Grundsätzlichen wählt also der jeweilige Boro-Rat seine Vertreter auf der Kommunal-Ebene. Doch gibt es die Möglichkeit, diese Vertreter auf der allgemeinen Boro-Ebene abzuwählen, wenn Zweifel aufkommen, ob eine Person hinreichend vertrauenswürdig ist und/oder die zu vertretende Position in den Gremien einzubringen versteht. Ein hinreichendes Vertrauens-Verhältnis ist für das Delegations-Prinzip absolut entscheidend, und zwar umso mehr, je höher die Ebene in der Organisations-Struktur liegt.

Doch im Näheren ist es konkret der Boro-Rat (mit den Vertreten aus den Ortsteilen), der die Arbeit der Boro-Vertreter in dem Kommunal-Verband am besten kennt. Eine Image-Kampagne für eine Wahl kann dort politisch nirgends verfangen. Die delegierten Personen sind hier konkret bekannt und also einschätzbar. Der Boro-Rat verfügt am ehesten über die Kompetenz, die Fähigkeiten seiner Vertreter einzuschätzen, und wird von daher im Grundsatz die erfahrensten und bewährtesten Boro-Vertreter in den Kommunal- und in den Kreis-Rat entsenden.

Es geht hierbei nicht um die Person, sondern darum, dass eine Boro in den Steuerungs-Prozessen eines Kommunal-Verbandes vertreten ist. Dies bedeutet, dass diese Vertretung im ständigen Wechsel erfolgen kann, oder auch, dass der Boro-Rat zu bestimmten Entscheidungen im Kommunal-Rat die jeweils fachlich qualifizierteste Person schickt.

Im Prinzip ist es jedoch üblich, dass ein Vertreter für einige Zeit dem Kommunal-Rat beiwohnt, da auf diese Weise der beste Einblick in die Arbeit des Kommunal-Rates und somit eine Kompetenz auf diesem Gebiet zu erreichen ist. Doch ist der Kommunal-Rat ebenso wie der Boro-Rat nur mit den gängigen Steuerungs-Prozessen befasst. Besondere Entscheidungen werden eher auf der Forums-Ebene mit einer höheren Vertreter-Zahl diskutiert und ggf. getroffen. Für besonders einschneidende oder folgenreiche Entscheidungen (etwa mit besonderem Aufwand) wird man weiterhin (wie bei uns) spezielle Ausschüsse einrichten, die die entscheidenden Gesichtspunkte herausarbeiten sollen. In solchen Kontexten können auch Wahlen oder Volksentscheide auf der Boro-Ebene abgehalten werden, die die Entscheidung bestimmen.

Es gibt hier also kein starres System bzgl. der Steuerung seiner Verhältnisse. Vielmehr wird man hier je nach anfallenden Entscheidungen versuchen, das Prinzip der >gemeinschaftlichen Kommunikation< in der tauglichsten Form umzusetzen. Hilfreich dafür ist die gewohnheitsrechtliche Kategorisierung. Denn diese sorgt dafür, sich nicht in nebensächlichen oder gar völlig unwichtigen Kleinigkeiten zu verzetteln, sondern die wirklich relevanten Entscheidungsprozesse zu erfassen und zu diskutieren, um nach Möglichkeit im (tendenziellen) Konsens zur Entscheidung zu kommen.

Das Wesentliche der Steuerungs-Prozesse vollzieht sich in Telotopia auf den untersten Ebenen: vielleicht zu 60 % auf der Boro-Ebene, zu 20 % auf der Kommunal-Ebene, zu 9 % auf der Kreis-Ebene und zu 4 % auf der Bezirks-Ebene (heutige Regierungsbezirke). Auf diese Weise bleibt das Meiste des gängigen Lebens auf der Bevölkerungs-Ebene (der Boros) direkt ersichtlich, als dass auch wichtige Entscheidungen auf der Kreis- und der Bezirks-Ebene über die Vertreter auf der Boro-Ebene bekannt werden und real auch einsehbar bzw. überschaubar sind. Das Aufkommen eines Macht-Komplexes würde etwa in entsprechenden Bauten und „Sicherheits-Anlagen" sinnfällig und bliebe dort nicht völlig vertuschbar und unbekannt. Da das Leben von Telotopia weltweit auf diese Weise funktioniert, kann hier die Bevölkerung der tatsächliche demokratische >Souverän< bleiben.

Die oberhalb der der Bezirks-Ebene liegenden organisatorischen Strukturen bis hin zu dem Weltforum spielen wohl eine qualitativ bedeutsame Rolle, doch quantitativ wenig. So bleiben sie gut überschaubar und deswegen auch von unten her steuerbar.

Im Prinzip fungierten diese Strukturen einerseits lediglich zur Koordination der jeweils unter ihnen liegenden Verbände. Andererseits dienen sie auch als politisch-wirtschaftliche Steuerung der Firmen, die in Produktion und speziellen Tätigkeiten auf der entsprechenden Ebene tätig sind, etwa bei der Erzverhüttung und Stahlproduktion auf der Länder-Ebene, die Produktion bestimmter Teile im Computerbereich evtl. auf der Welt-Ebene usw. Die Firmen sind hier nach innen hin selbständige Einrichtungen, doch verlaufen ihre Finanzierung und die Aufträge über den jeweils zugeordneten Verband (s. Ökonomie). Auf diese Weise können sie demokratisch gesteuert werden und wirtschaftlich und ökologisch ruinöse Prozesse vermieden werden.

Die Eisenbahnen werden in Telotopia insgesamt von Bedeutung bleiben.

4.3.4 Produktion, Arbeit und Ökonomie

Das Leben in Telotopia ist im Grundlegenden als eine Form von Selbstorganisation zu verstehen. Dies umfasst damit auch den Bereich der Ökonomie, und es ergeben sich auch aus der Verfassung und der kulturellen Anlage Telotopias grundlegende Konsequenzen und Bestimmungen für ihre Ökonomie und Produktion.

Ein gutes Maß an Do it Yourself einer Boro erscheint als die einzige plausible Alternative zu einem unüberschaubaren System an Politik oder an Wirtschaft. Dass ein menschlich unüberschaubares System an Wirtschaft oder Politik bei allen hehren Absichten kein Ego-Verhalten in Entwicklungen von Macht und Ausbeutung hervorrufen würde, wäre an diesem Punkt eine überaus >idealistische< Auffassung, die von der historischen Entwicklung nicht gedeckt ist. Wohl ist der Mensch an sich ein überaus soziales Wesen, doch setzt dies im Grundsätzlichen konkrete soziale Verbindungen mit konkreten Menschen voraus. Wenn diese Grundlagen stimmig gegeben sind, dann besteht auch darüber hinaus die Bereitschaft zu Einsatz, wo Not und Ungerechtigkeit besteht.

Doch wäre es fahrlässig zu erwarten, dass Menschen in einem unüberschaubaren System auf die Dauer bereit wären, Mühen und Nachteile in Kauf zu nehmen, wenn sie dies persönlich vermeiden können. Unter unüberschaubaren Verhältnissen verliert sich der konkrete Bezug des sozialen Empfindens, und wenn erst einmal in den Blick gekommen ist, dass sich anders Vorteile erwerben lassen, ist eine Soziodynamik im Kampf um eigene Vorteile kaum vermeidbar und kaum aufzuhalten. Diese Problematik entstand mit weltgeschichtlicher Wirkung bereits im 10. Jahrtausend v. Chr. in dem weiträumigen mittelmesolithischen Netzwerk des Stämme-Rechts-Bundes von Göbekli Tepe. Dies wiederholte sich in neuer Form in der nachfolgenden Priester/innen-Herrschaft als dem Lösungsansatz der Neolithischen Revolution, wie dann auch regelmäßig im Gefolge sämtlicher Revolutionen, soweit sie mit unüberschaubaren Verhältnissen zu tun hatten. Die ursprüngliche soziale Motivation, die bis zur eigenen Aufopferung reichen konnte, hält unter unüberschaubaren Verhältnissen nicht lange vor.

Das menschliche Sozialverhalten ist auf Verhältnisse bezogen, die mit konkreter Kommunikation in Verbindung steht, und reicht so weit wie die realen Kommunikations-Prozesse. Dies kann durchaus über eine Boro hinausgehen, doch nur in Verbindung mit überschaubaren organisatorischen Strukturen. Entsprechend stellt sich die Lösung der ökonomischen Problematik darin dar, dass auch der wesentliche Teil seines Versorgungs- und Produktionsbereichs auf der eigenen Boro-Ebene mit einigen Verbindungen zu seinen Nachbar-Boros liegt.

In Wirklichkeit haben wir es auch gar nicht mit einem Mangel an Produktion und Dienstleistungs-Angeboten zu tun. Schon in den 1830er Jahren wurde in der Frühphase der Industrialisierung erkannt, dass die ökonomische Problematik in Wirklichkeit aus dem Überangebot an Produkten und Dienstleistung resultiert. Doch löst das Überangebot aber genau deswegen nichts an den >ökonomischen< Problemen, sondern produziert sie: von der privaten Situation bis hin zu den Staatskassen. Dass genügend Produkte und Dienstleistungs-Angebote vorhanden sind, bedeutet noch lange nicht, dass man sie sich leisten kann. So kann man auch vor Bergen unverkaufter Nahrung verhungern und darüber in Kämpfe und Kriege bis zum gegenseitigen Ruin geraten. Der Hintergrund dieser Problematik ist jedoch gar nichts Neues, sondern steht von Anfang an mit den Logiken der historischen Entwicklung ab dem Ende der Eiszeit in Verbindung, weit vor jedem „Kapitalismus".

Sofern man an einer Lösung der ökonomischen – und der daraus (schon vor 8000 Jahren) resultierenden ökologischen - Probleme interessiert ist, muss man zunächst aus dem bewusstlosen Reflex herauskommen, sie durch eine weitere Steigerung des Überangebots an Produktion und Arbeit und heute auch der Monetarisierung lösen zu wollen. Lösbar wird diese Problematik ausschließlich dann, wenn es endlich in den Blick gerät, dass die ursprünglichen Notstands-Probleme aus den gigantischen Naturkatastrophen am Ende der Eiszeit resultieren, die leider mit min. zwei Jahrtausenden so lange andauerten, dass der Notstand in Bewusstsein, Sprache und Verhalten zur >Kultur< wurde. Von diesen Grundlagen setzt sich der Notstand in der ganzen historischen Entwicklung bis heute fort, obwohl die Naturkatastrophen am Ende der Eiszeit schon lange vorbei sind. Das Überangebot beweist jedoch, dass die ganzen ökonomischen Probleme, die bis hin zu Faschismus und den beiden Weltkriegen führten, an sich völlig unnötig und heute nur noch das *gesellschaftliche* Produkt eigener

Dummheit (d.h. der *gesellschaftlich* >selbst verschuldeten Unmündigkeit<) sind (die Individuen können sich dem nicht unbedingt entziehen). Früher konnte man vieles nicht besser wissen. Doch inzwischen verfügen wir *an sich* über einen Überblick über die historische Entwicklung bis weit über die Evolution des Menschen und selbst der Primaten hinaus, was sich nutzen ließe.

In Hinsicht auf Ökonomie und Produktion bedeutet Telotopia je nach Bedürfnis, dass sich etwa 90 - 95% der gegenwärtigen Arbeit und Produktion erübrigen. Zu nennen wären hier zuerst die Rüstungsproduktion sowie zu über 99% der >Sicherheits-Dienste< (Militär usw.), des Verkehrswesens und im Bereich von Verwaltung und Verkauf. In Telboro ist alles fußläufig. Selbst der Gebrauch von Fahrrädern ist für solche Zwecke selten. Die Fahrräder, die man sich bei der Boro ausleihen kann, werden eher für Erledigungen in anderen Boros oder aber für Ausflüge und Touren benutzt. Da das Leben hier nicht mehr von oben her bestimmt und man wieder zu einer gemeinschaftlichen Selbstorganisation fähig geworden ist, ist der wesentliche Teil der >Verwaltung< schlichtweg Bestandteil seiner konkreten Lebensführung.

Wie es Fachleuten ersichtlich ist, stellt sich in Wirklichkeit vielmehr das Problem, was man eigentlich ohne den ganzen künstlichen Wirtschaftsbetrieb, der dem wirtschaftlichen Zusammenbruch entgegenwirken soll, mit der ganzen vorhandenen Zeit *sinnvoll* anfangen könnte. Mit der gängigen Sozialisation, Bildung und Schule ist dies in der Tat ein ernstes Problem.

Von den eigentlichen Gegebenheiten ist jedoch der Bereich Ökonomie, Produktion und Arbeit in Bezug auf Telotopia von Grund auf anders als bei uns zu denken. Dort besteht keine nur reich ausstaffierte Notstands-Kultur mehr. Das Leben ist dort in vielem einfach, ganz wie das wirkliche Leben selbst. Doch ist es gerade deswegen in Bezug auf das Eigentliche >reich<: reich an sozialer, kultureller und an Beziehungs-Qualität – genau wie im Ergebnis der humanevolutionären Entwicklung mit dem eigentlichen Sinn von >Kultur<, nur um die positiven Momente der historischen Entwicklung zu tatsächlicher Hochkultur erweitert.

Telotopia ist nicht von einer Technologie-Feindseligkeit bestimmt. Man nimmt in Telotopia die ganze bisherige historische Technologie, Forschung und Industrialisierung auf und führt sie weiter, soweit dies als tatsächlich sinnvoll erscheint, etwa im Gebrauch von Computern und des Internets. Allerdings muss sich in völlig neuer Form zeigen, was an Technologie und industrieller Produktion (auch im Bereich der Nahrungsproduktion) wirklich als vorteilhaft und wünschenswert erscheint, nämlich wenn einerseits die Preise nicht mehr von sozialer und ökologischer Ausbeutung und andererseits die Löhne und Einnahmen nicht mehr von einer Teilhabe an dieser Ausbeutung bestimmt sind. Ohne Zweifel hat dies auch unerfreuliche Aspekte. Zwar wird man in Telotopia in unserer Gegend nicht völlig auf Bananen aus Amerika verzichten müssen, aber dies wird doch wieder zu einem Luxusgut.

In Telotopia wird das im Überfluss vorhandene Potential an Produktion und Dienstleistung nicht für eine Steigerung der ökonomischen Probleme, nämlich der Machtverhältnisse verwendet. Da es jenseits der entsprechenden historischen Fehlentwicklungen bei einer geeigneten organisatorischen Anlage auf dieser Ebene gar keine Überlebens-Probleme bzgl. Nahrung und Arbeit gibt, nutzt man in Telotopia das inzwischen entstandene technisch-materielle Potential für ein fähiges Sozialleben, das den echten authentischen Bedürfnissen *des* Menschen und *der* jeweiligen konkreten Menschen entspricht. In der Grundlage bedeutet dies auf jeden Fall zunächst die Anlage kindgerechter Verhältnisse (im Kontext der kindlichen Sozialisationsphase).

Die heutige Abwanderung in die Großstädte hat soziale, wirtschaftliche wie kulturelle Gründe, die im Wesentlichen in Telotopia fortfallen. Doch gibt es in Telotopia sowohl technologische und industrielle als auch urbane >Funktionszentren< (→ 4.4.2). In diesen Funktionszentren kann >anspruchsvolleren< Tätigkeiten nachgegangen werden, sind diese mit technologisch anspruchsvolleren Ausstattungen (etwa an medizinischen Einrichtungen) und Produktionen verbunden.

In Form der >Funktionszentren< kann den über die gängigen Boros hinausgehenden Bedürfnissen an anspruchsvolleren Aufgaben und Tätigkeiten entsprochen werden, wie dort auch weitergehende Funktionen und Produktionen möglich sind.

Im Grundsätzlichen kann hier nur gesagt werden, dass in Telotopia kulturell und technologisch all das möglich ist, was auch heute vom Wünschenswerten her möglich ist, ohne aber das – inzwischen ruinöse - Ausmaß an Schattenseiten. Auch in Telotopia wird immer noch Hightech wie etwa in der Weltraum-Forschung betrieben.

Man wird sich in Telotopia alle Technologie (wie etwa der Computer-Technologie) und eine industrielle Produktion (etwa von Metallen, Motoren usw.) zunutze machen. Doch ist bei der heutigen Ökonomie gar nicht mehr so einfach zu klären, ob das Do it Yourself oder die industrielle Produktion in Wirklichkeit der größere Aufwand ist. Da jedoch die Produktion in Telotopia nicht mehr mit Kämpfen um Macht und Überleben (wie ökonomisch und etwa in der Rüstungs-Technologie) verbunden ist, kann dort in insgesamt gemeinschaftlicher Kommunikation geklärt werden, was an Produktion in welcher Form als wünschenswert erscheint und jeweils gewünscht wird. Man wird hier auf die Dauer die Erfahrungen machen, wie diese Bedürfnisse unter den neuen Gegebenheiten beschaffen sind und welche Formen an Organisation, Produktion, Arbeit und Technologie sich insgesamt als optimal erweisen.

Wohl besteht in Telotopia das Prinzip, möglichst viel auf der Ebene des Do it Yourself der Personen und einer Boro wie auch möglichst direkt am Ort anzulegen (etwa ein kleineres Windrad direkt an einem Hof). Dies begründet sich jedoch primär im Sozialen und in dem Motiv der Lebens-Qualität.

Eine vollständige Selbstversorgung einer Boro wäre unökonomisch und erscheint insgesamt nicht wünschenswert. Eine Boro als alleiniger Bezugsraum wäre in den unterschiedlichsten Hinsichten zu beschränkt und könnte auf die Dauer keinerlei kulturelles Niveau bieten. Lebendig kann eine Boro nur als Basis eines umfassenderen Netzwerkes bleiben (s.u.).

Mit Sicherheit wird es in Telotopia größere Formen an Produktion und Industrie geben. Dies dürfte auf jeden Fall die Metallverarbeitung und die Produktion von Motoren und Computern betreffen, aber vielleicht auch die Produktion von Getreide usw. Bei bestimmten Produktionen erscheint eine Zentralisierung günstig (z.B. Glas, Metallverarbeitung) und mitunter aufgrund des enormen Aufwands an spezifischer Technologie auch absolut unabdingbar (Computer-Teile). Dies wird man entsprechend der Rohstoff-Vorkommen und der Weiterverarbeitung anlegen. Beim Fahrzeugbau ließe sich das in der Form denken, dass die Metalle und bestimmte Bauteile über-national, bestimmte Teile im großregionalen Kontext produziert werden und dass der Karosserie-Bau regional und die letzte Fertigstellung und Lackierung in der Boro-Werkstatt (am „Güterbahnhof") erfolgt, die auch mit bestimmten Wartungen und Reparaturen (auch von Eisenbahn, Fahrrädern usw.) befasst ist.

Es bleibt anzunehmen, dass bestimmte Arbeiten gewünscht werden und Freude bereiten. Das kann etwa bei dem Schmieden, Anstreichen, einem eigenen Zusammenbau von Teilen zu einem Fahrzeug, Reparaturen und Restaurieren der Fall sein, wie es im Kontext von Oldtimern oder in der Kunst (z.B. bei Fantasie-Maschinen) bekannt ist. Wo und soweit dies der Fall ist, wird eine solche Arbeit in der Boro oder näheren Umgebung angesetzt.

Wo an solchen Arbeiten kein relevantes Interesse besteht, jedoch an dem Produkt, wird man es industriell produzieren. Auch bei den Formen dieser Produktions-Anlagen wird man sehen, wie es um das Interesse daran bestellt ist. Wo Arbeiten nicht von einer intrinsischen Motivation abgedeckt werden können, aber Bedarf an den Produkten besteht, wird in Telotopia mit Formen der >Vergütung< gearbeitet. Dies kann in Form eines >Lohns< und/oder in der Stellung besonderer Wohnmöglichkeiten, von Luxusgütern (z.B. besondere Weine oder Whiskys oder fernen Importgütern wie Bananen) erfolgen.

Bestimmte Arbeiten, Ausbildungen und Tätigkeiten sind in Telotopia also eine Möglichkeit, an besondere Wohnmöglichkeiten, Stellen und/oder Produkte zu kommen.

Doch ist dies insgesamt mit einer entscheidend anderen Gesamtkonzeption verbunden. Alles ist in Telotopia so weit wie nur möglich so angelegt, dass es den authentischen Bedürfnissen entspricht, aber dass das Persönliche niemals über das eigene Private hinaus die öffentlichen Verhältnisse und damit andere Personen beherrschen kann. Es gibt in Telotopia keinen Status zu gewinnen und keinen Status, der verloren werden könnte.

Die besseren Vergütungen sind nicht (wie unter Machtverhältnissen) dazu gedacht, unauthentische Verhältnisse durch Manipulation zu produzieren. Solchen Effekten würden bei entsprechenden Wahrnehmungen sofort gegengesteuert. Doch gilt es in Telotopia als ebenso legitim, einen einfachsten wie einen äußerlich anspruchsvollen Lebensstil zu pflegen, als persönliche Selbstbestimmung, die das eigene Persönliche betrifft.

Die Kultur von Telotopia ist (von daher) darauf ausgerichtet, dass man das Persönliche nach Möglichkeit fördert und unterstützt – weil darin das menschliche Optimum auch in Hinsicht auf das Sozialleben begriffen wird. Diese Ausrichtung betrifft auch die materielle Ausstattung und die Vergütungen, die die unterschiedlichsten Lebensstile und Bedürfnisse möglich machen. Es gibt hier weder Neid auf das einfache Leben noch auf ein Wohnen in gehobenen Verhältnissen, weil hier jedem alles als Weg offensteht und jeder darin seinen eigenen Weg wählt. Man kann in Telotopia den Tag mit Angeln verbringen, in einer Hütte leben und etwa einfachen Wein erhalten. Wer Anspruchsvolles will, muss dafür auch Anspruchsvolles tun, ganz nach dem jeweiligen Maß, ganz in einer natürlichen Ökonomie ohne soziale Benachteiligung und Bevorzugung.

Die unterschiedlichsten Bedürfnisse sind hier legitim und auch willkommen, doch immer nur soweit, als wie sie sich auf die persönliche Selbstbestimmung beziehen. Alles, was dabei in Hinsicht auf das Soziale oder in Hinsicht auf die Natur von effektiven Konsequenzen ist, ist den sozialen und ökologischen Bestimmungen Telotopias unterworfen. Vieles ist hier möglich, im Rahmen des Gewohnheitsrechtes auch völlig unkompliziert und ansonsten nach jeweiligen Absprachen oder ggf. nach bestimmten Entscheidungen der zuständigen Verwaltung oder Ratsversammlung.

Man kann also mit bestimmten Tätigkeiten gehobenere Möglichkeiten und Produkte erreichen. Doch kann man in Telotopia niemals Besitztümer anhäufen, die über den direkten persönlichen Bedarf hinausgehen. Land, Häuser, Firmen mit Mitarbeiter: alles, was das öffentliche Leben berührt, kann in Telotopia nicht zu privatem Besitz und nicht vererbbar werden. Die Häuser werden nur mit jeweiligen Abmachungen zur Nutzung zur Verfügung gestellt, doch so, dass sich jede/r gut sein Leben einrichten kann.

160

In einem gewissen kleinen Rahmen gibt es auch neue architektonische Projekte, die privat initiiert werden können und einer privaten Nutzung zur Verfügung gestellt werden. Eigentum werden sie jedoch nie, aber diese Bauten müssen auch nicht privat finanziert werden. Auch Schlösser können bei Interesse analog den Nachkommen in einem bestimmten Rahmen zum Wohnen überlassen werden, doch ist dies nicht mehr mit Privilegien verbunden. Die Nachkommen könnten bei der Eigenarbeit das Schloss kaum noch hinreichend warten, geschweige denn baulich erhalten. Insofern wird dies ggf. als >Kulturerbe< in öffentlicher Form übernommen und dabei dann auch öffentlich zur Verfügung (etwa als Museum und für Veranstaltungen) gestellt. >Adel< wird in Telotopia in völliger Distanz als ein rein historisches Phänomen betrachtet, über das man zum Glück endlich hinausgekommen ist.

Das bei uns bestehende Privat-Eigentum an Land und Ressourcen basiert in jedem Fall zumindest ursprünglich auf einer illegitimen Aneignung durch Macht und Gewalt und ist auch der Hort von Macht und Gewalt. Dies gilt auch für die Ebene der Territorialstaaten. Dies wird in Telotopia als Widerspruch zu seiner demokratischen Grundordnung und (somit) als Verletzung der Menschenrechte gesehen.

In Telotopia sind das Land und die Bodenschätze Allgemeinbesitz der Menschheit (was auch die zukünftigen Generationen umfasst, woraus sich das Prinzip der Nachhaltigkeit begründet). Auch eine Boro hat nur das Recht auf seine *eigene soziale Selbstbestimmung* im Rahmen der Verfassung von Telotopia. Sie ist nicht im >Besitz< seines Gebietes und der etwaigen Bodenschätze auf seinem Gebiet. Von Konsequenz ist dies etwa, wenn relevante Naturumbrüche eine Neuorganisation des Landes (einer Gegend) notwendig machen. In diesem Fall ist – je nach Umfang des neu zu verteilenden Landes – eine entsprechend übergeordnete Organisation von Telotopia beauftragt, in Absprache mit den betroffenen Boros eine neue Gebietsaufteilung oder eine Neugliederung der dortigen Boros vorzunehmen oder den Leuten ein gänzlich anderes Gebiet anzubieten. Auch die Bodenschätze werden – ebenfalls nach ihrer Art und dem Umfang ihrer Nutzung – auf einer entsprechend hohen Organisations-Ebene verwaltet, ganz seltene Bodenschätze also auf den obersten Ebenen. Die Naturschutzgebiete werden ebenfalls je nach Größe und ihrer Besonderheiten einer entsprechend hohen Instanz zugeordnet.

Im Grundsätzlichen wird das für das Bewohnen zugedachte Land auf die Boros aufgeteilt. Hierbei ist dieses Land wesentlich zur Selbstorganisation der Bevölkerung bestimmt. Ein gewisser Anteil der Produktion und/oder der Dienstleistungen dient der Ermöglichung der überörtlichen Organisation, ebenso als Tauschwert für Bezüge von Produkten und Dienstleistungen von außerhalb (z.b. Erntehelfern, Fachkräften bzw. Computer, Fahrzeuge).

Die >Werte< werden hier jedoch nicht abstrakt und gleichartig für Boros oder Länder angesetzt, sondern es werden dabei auch die Naturgegebenheiten berücksichtigt (Klima, Höhenlage, Bodenbeschaffenheit bzw. -Qualität usw.). Die Grundlagen der Abgaben und der Zuteilungen werden in jährlichen Verwaltungs-Haushalten veranschlagt. An sich wäre dies nicht unkompliziert, doch hat sich die Organisation in Telotopia eingespielt, dass das Meiste gewohnheitsrechtlich geregelt wird – sofern nicht größere Naturkatastrophen diese Regelungen über den Haufen werden.

Für die Bevölkerung bedeutet dies, dass das Land an sich kostenlos, aber (in unseren Gegenden) nicht beliebig verfügbar ist. Ein Stück weit ist die Aufteilung des Landes durch die Boros und die Anlage der jeweiligen Boro bestimmt. Insgesamt ist die Struktur so vielfältig, dass auf der gängigeren Ebene für jeden etwas dabei ist. Doch ist es darüber hinaus auch möglich, sich für Reisen, für zeitweilige Aufenthalte oder auch eine dauerhafte Existenz je nach Verfügbarkeit andere Gegenden seiner Wahl auszusuchen. Dies können Gebiete mit großem Naturraum oder urbane Komplexe sein, am Meer oder in den Bergen und die unterschiedlichsten Länder mit ihren jeweiligen Gegebenheiten und Traditionen. Im Allgemeinen ist dies einfacher als heute, zumindest für zeitweilige Aufenthalte, da ein solcher zeitweiliger Wechsel ab dem Alter von 35 oder 40 in Telotopia gängiger üblich ist, weil man zumindest zeitweilig mal andere Gegenden und Verhältnisse kennen lernen möchte. Dies ist oft auch mit besonderen oder schlichtweg anderen beruflichen Tätigkeiten verbunden.

Für all dies gilt im Grundsatz die gewohnheitsrechtliche Regelung. Im Bereich der Kategorie 1 ist alles kein Problem. Dies gilt für die Fahrten, eine Unterkunft in den Boros, für zeitweilige Aufenthalte in anderen Boros und auch für eine dauerhaft gedachte Umsiedlung.

Insgesamt kommt die gängige Ökonomie Telotopias im Wesentlichen ohne Geld aus. Das ökonomische Grundprinzip von Telotopia besteht im Tausch von Produkten und Dienstleistungen. Allerdings werden die Werte hierbei nicht abstrakt festgelegt.

Hier kommt das Prinzip der gewohnheitsrechtlichen Kategorien ins Spiel. Auf der einfachen Ebene und bei Kategorie 1 ist es nach der Kindheit üblich, sich nach den gängigen Gepflogenheiten oder als Gast nach Absprache nach seinen Möglichkeiten und Befindlichkeiten einzubringen. Etwas mitzuhelfen oder mitzutun, empfindet man schon rein menschlich als natürlich. Man will in Telotopia von beiden (Anbieter – Nachfrage) bzw. von allen Seiten her keine Ausbeutung. Doch ist auch Tourismus möglich. Wo man keine oder nur wenig Dienstleistung einbringen möchte, kann die Inanspruchnahme gegen Bezahlung ausgeglichen werden.

Im Weiteren spielen bei der Ökonomie von Telotopia die jeweiligen Haushalts-Pläne der verschiedenen Organisations-Ebenen (s.u.) eine Rolle. Wie schon erwähnt, basieren diese jährlichen (und saisonal untergliederten) Haushalts-Entwürfe zunächst einmal auf den Erfahrungswerten der Vergangenheit, die dann um beabsichtigte oder auch erwartete Veränderungen modifiziert werden.

In diesen Haushalts-Plänen werden die verschiedensten >Zuteilungen< angesetzt. Dies bedeutet etwa, dass eine Boro an die Regionalorganisation und an die Landesorganisationen x Tonnen Kartoffeln, y Tonnen Äpfel und z Stunden Dienstleistungen (z.B. als Erntehilfe und an Fachkräften) stellt und dafür von der Regionalorganisation Mehl und Zucker und von der Landesorganisation Computer und Technologie erhält. All dies ist freilich erheblich komplexer bzgl. der Produkte und der vermittelnden Instanzen zu denken.

All dies wäre überaus kompliziert, ist aber bei eingespielten Verhältnissen doch recht einfach, da jede Instanz recht genaue Grundlagen für seine Planungen und Arbeit hat. Die gängigen Schwankungen bei den Ernten und bei den Moden sind berücksichtigt. Der große Vorteil dieses Systems besteht darin, dass hier die Produktion und Arbeit überaus punktgenau auf die konkreten menschlichen Bedürfnisse und den konkreten sozialen Bedarf in sozialer Gerechtigkeit und in Übereinstimmung mit seiner Verfassung eingestellt werden können.

Bei jedem Haushalts-Plan werden die Dienstleistungen und die Produkte ab der **Kategorie 3** und höher immer auch mit einer Art >Preis/Wert< bezeichnet, die als Anhalt für den Tausch und Handel aufgenommen werden können. Diese Preise und Werte liegen jedoch nicht abstrakt fest. Sie können einerseits ausgehandelt werden und unterliegen auch dem Prinzip von Angebot und Nachfrage. Sie beziehen sich allerdings immer auf einen jeweiligen Haushalts-Plan. Auch die Einkunft ist zunächst immer nur innerhalb dieses jeweiligen Haushalts-Plans gültig.

Dies bedeutet, dass jede Instanz mit ihrem Haushalts-Plan (sei es eine Boro- oder eine Landes-Verwaltung) immer auch als eine Bank mit quasi eigenem Währungssystem fungiert. Bei diesen Währungssystemen bestehen unterschiedliche Kategorisierungen, die sowohl mit der Verfügbarkeit der Produkte als auch ihrer Art zu tun haben. Der Umtausch zwischen den Währungen ist möglich, gehört aber auch zu dem Aufgaben-Gebiet der jeweiligen Verwaltung. Gewissermaßen verknüpft sich mit der Verarbeitung dieser Transaktionen sogar die Haupttätigkeit der jeweiligen Verwaltungen, die jedoch aufgrund der gewohnheitsrechtlichen Anlage doch gut machbar ist.

Auf diese Weise kann verhindert werden, dass sich das Ökonomische gegenüber dem Sozialen verselbständigt, worin einer der wichtigsten Gründe von Kriegen und gesellschaftlich paralytischen Prozessen liegt. Dieses System von Telotopia ermöglicht, dass jemand, der dies möchte, mit entsprechendem Arbeitseinsatz und/oder beruflichen Qualifikationen besonders gute Wohnungen, Wohnlagen, Weine, Möbel, Keramik, Kunstwerke und andere besonders qualitative oder aufwendige Produkte für seinen privaten Bedarf erhalten kann. Doch kann damit verhindert werden, dass der Bereich des Subjekt-Persönlich-Privaten über den Bereich des Subjektiv-Persönlich-Privaten sozial zu Macht und Ausbeutung auswuchert und damit die gesellschaftlichen Verhältnisse ruiniert. Eine Spekulation mit Land, Häusern, Ressourcen und lebensnotwendiger Nahrung ist in Telotopia nicht möglich und würde dort ggf. strafrechtlich unter >Nötigung<, >versuchter Erpressung< usw. aufgenommen. Man vergesse nicht, dass solche Praktiken über die Folgen einzelner Morde hinausgehen können und deswegen keineswegs als unproblematischer erachtet werden können.

Besondere Produkte oder Dienstleistungen können in einem gewissen Rahmen auch unmittelbar gegen besondere Dienstleistungen oder Produkte (auch Kunst) erhalten werden. Dies kann auch als >Geschenk-Ökonomie< gedacht sein, muss also nicht unbedingt mit einem Aufrechnen verbunden sein.

Im Weiteren tritt so etwas wie >Geld< in den Raum. Hier ließe sich vorstellen, dass in Telotopia mit einer Art Verrechnungschecks ggf. in Form von Bankkarten, wie wir dies kennen, gearbeitet wird. Diese dienten für Bezahlungen wie bei bestimmten Tätigkeiten oder Verkauf für Einzahlungen.
Mit diesen Karten verbindet sich entsprechend verschiedenen Banken ein System, das in Telotopia dem sonstigen Organisations-System entspricht. Wenn man in einer Boro lebt oder dort zu Gast ist, würde man bei der Verwaltung ein Konto anlegen, auf die sich die jeweilige Boro-Bankkarte bezieht. Bei Reisen würde man Bankkarten einer entsprechend hohen Instanz gebrauchen, was sich aber wegen dem höheren Verwaltungsaufwand und den entsprechend höheren Gebühren nicht als Allgemein-Lösung empfiehlt. Bei der Ankunft in einer Boro würde man Guthaben dieser Karte bei der örtlichen Boro-Bank als Guthaben ansetzen, und bei der Abreise würde man die Bilanz am Ort wieder in der Währung der anderen Karte verbuchen (wie man bei uns Geldwährungen wechselt). Bestimmte Geschäfte und Tätigkeiten lassen sich aber auch in einer analogen Logik via Internet transferieren.

Auf diese Weise lässt sich der ökonomische Bereich wieder in seine Selbstorganisation (in den Haushalten der verschiedenen organisatorischen Stufen) eingliedern und eine Verselbständigung der Ökonomie verhindern.

Diese Regelung klingt kompliziert, ist aber im Ergebnis tatsächlich weniger kompliziert als unter unseren Verhältnissen. Dies begründet sich schon darin, dass der Hauptteil der Aktivitäten und Produkte keiner expliziten Ökonomie unterworfen ist. Doch lassen sich so auch besondere Wünsche erfüllen. Dazu dient die >explizite Ökonomie<, die so etwas wie >Geld< darstellt. Hier ist es wieder zu einem in sein Sozialleben eingebundenes Tauschmittel geworden, wie es die Idee hinter dem Geld, aber nicht dessen Realität ist. Es bleibt zu hoffen, dass man hier nicht erst erleben muss, dass unser Geld in sich selbst so gut wie keinerlei Wert hat, um das in den Blick zu bekommen.

4.4   Die übergeordnete Organisation

4.4.1   Die regionale Anlage der Boros

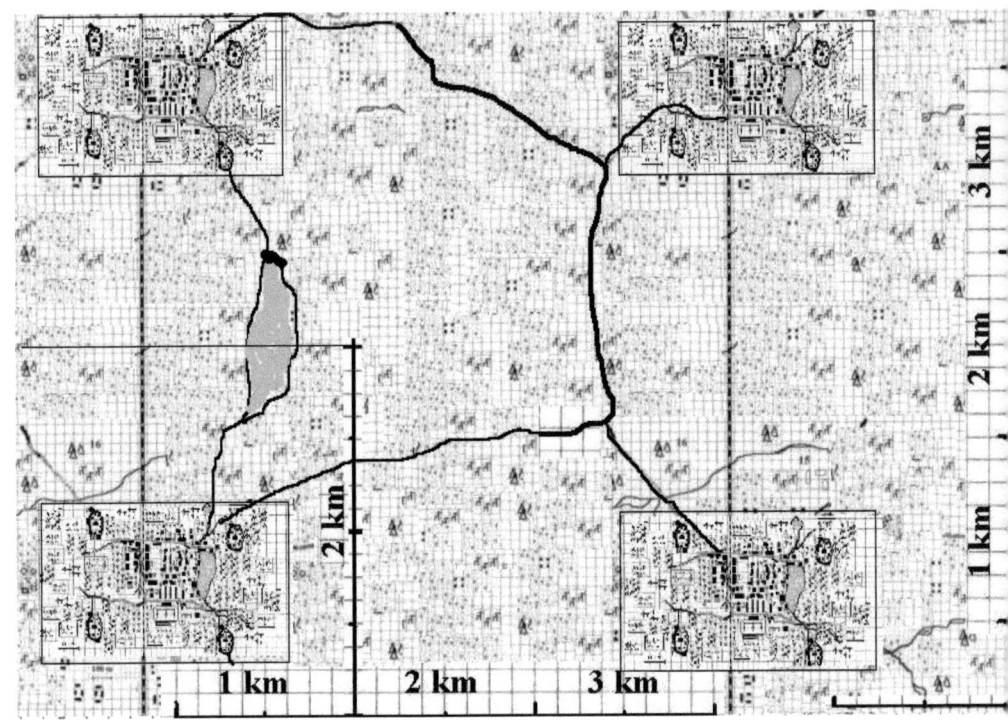

*Schema eines **Gebiets mit 4 Boros** bei einer **Boro-Fläche von 3 km x 3 km** (dies hätte eine fast doppelt so hohe Bevölkerungsdichte als in der BRD)*

Boro mit 4.000 Einwohnern: bei 2 km x 2 km = 1000 E/km²
bei 3 km x 3 km =   444 E/km²
bei 4 km x 4 km =   250 E/km²
bei 5 km x 5 km =   160 E/km²

Bei einer Bevölkerungsdichte wie derzeit in der BRD mit etwa 231 E/km² (2022: 232 E/km²) ergäbe sich **durchschnittlich**

- eine Boro-Fläche von 4,16 km x 4,16 km = 17,3 km²
- eine Strecke von ca. **4,16 km** von einem Boro-Mittelpunkt zum nächsten =
- ca. 3 km von Boro-Zentrums-**Rand** zum nächsten Boro-Zentrums-Rand (in dem diagonalen Abstand ergeben sich ca. 5,9 km sowie ca. 4,2 km **Land**-Bereich)

Wir hätten damit tendenziell allgemeiner Siedlungsverhältnisse, wie sie bei uns auf dem Land herrschen, etwa was die Flächen zwischen den Orten angeht. Der entscheidende Unterschied besteht jedoch darin, dass jede Boro ein mehr oder weniger urbanes Zentrum besitzt. In Telboro hat dies bei allem Dorf-Charakter die Größe der Fußgänger-Zone einer Kleinstadt und das kulturelle Niveau einer Großstadt, mit Ausnahme der Bereiche, die einen besonderen Aufwand erfordern.

Wohl mag eine gängige Boro in technischer Hinsicht nicht mit besonderen Orchestern oder Tanztheatern unserer heutigen Großstädte mithalten. Doch da Kunst, Theater, Musik, Tanz usw. in Telotopia kulturell und in der Sozialisation von klein auf an menschlich integriert sind, kann in einer Boro ein Niveau bestehen, das bei uns nur von gelegentlichen Pionieren erreicht wird.

Für Weiterentwicklungen sind die technischen und die urbanen Funktionszentren eingerichtet. Diese urbanen Funktionszentren werden hier dadurch begründet, dass z.B. vier Boros ein gemeinsames Hauptzentrum stellen. Die Bevölkerungsgröße bleibt in der Art einer Boro, um das Prinzip einer tendenziellen Selbstorganisation erhalten zu können. Im Weiteren spielen bei der Anlage einer Boro und einer Region natürlich auch die Gegebenheiten an Natur und des historischen Hinterlassenschaft eine Rolle.

4.4.2   Die technischen und die urbanen Funktions-
zentren

Es lässt sich beim Stand der Diskussionen nicht einfach abschätzen, welche konkreten Konsequenzen der Bestand wirklicher Kultur hat. Fürs erste lässt sich der kulturelle Standard der heutigen Städte als Anhalt nehmen. In Telotopia verfügt praktisch jedes „Dorf" – d.h. jede Boro – über eine Universität mit Bibliotheken, über eine Art Zoo und botanische Anlagen, über Museen, Galerien, Bühnen (Künstler, Tänzer, Musiker, Theater- und Zirkus-Leute). Und dies wäre auch nur als der besondere, institutionalisierte Ausdruck des allgemeinen Kulturlebens einer Boro, das schon in jeder Kinder-Garten-Anlage in entwickelter Form stattfindet.

Man unterscheidet in Telotopia das, was nach Möglichkeit in jeder Boro vorhanden sein sollte, von dem, was wegen Aufwand und/oder Seltenheit nur in besonderer Form möglich ist. Es kann wie bei uns durchaus der Fall sein, dass ein Spezialmuseum (evtl. wegen einer örtlichen archäologischen Fundstelle oder einer ehemaligen Firma) oder auch eine ganz spezielle medizinische Einrichtung (evtl. aus der Entwicklung einer Praxis einer Koryphäe) mit regionaler oder landesweiter Bedeutung in einer ganz normalen Boro untergebracht ist. Es ist aber in Telotopia ebenfalls wie bei uns nicht unüblich, dass besondere Einrichtungen von überörtlicher Bedeutung in regionalen Zentren und an Verkehrsknoten untergebracht sind.

Es gibt in Telotopia verschiedene Formen von >Funktionszentren<. Die eine Art von Funktionszentren steht mit Technologie, Produktion oder Logistik in Verbindung, wie etwa eine Firma, ein Industriegebiet oder eine Hafen-Anlage. Die andere Art, die >urbanen Funktionszentren< verknüpfen sich mit sozialen und/oder kulturellen Funktionen wie Verwaltungen auf der höheren Ebene (Region, Land usw.), Universität, Einkaufszentren, Museen, Verkehrsknotenpunkten usw.

Oben: ein industrielles Funktionszentrum
Unten: ein großes urbanes Funktionszentrum (Einkaufszone)

Die urbanen Funktionszentren

Mögen diese >urbanen Funktionszentren< unsere heutigen Großstädte fortsetzen, so gelten sie in Telotopia organisatorisch jedoch nicht als >Stadt< in unserem Sinn. In Telotopia sind diese >urbanen Funktions- zentren< das gemeinsame Zentrum mehrerer Boros, die (ähnlich wie unsere Stadtviertel) exzentrisch um dieses Zentrum herum angelegt sind.

Der Unterschied liegt in der Verwaltung. Selbst wenn manche Boro in Fortsetzung der heutigen Stadtanlagen unseren Stadtvierteln ähneln, liegt hier doch die eigentliche Hoheit bei den Boros. Die >urbanen Funktionszentren< werden, wie auch die ländlichen Gebiete und die technischen Funktionszentren, je nach Größe bzw. ihrer Bedeutung auf der Kreis-, Regional- oder Landesebene verwaltet und darüber letztlich von den Boros her demokratisch bestimmt.

Ein solches urbanes Funktionszentrum könnte etwa in Verbindung mit 4 Boros angelegt sein. Dies ergäbe in unserem Sinn eine „Stadtgröße" von 16.000 Einwohnern und mit 4000 weiteren >Gästen< des Funkti- onszentrums, die dort zusätzlich für eine begrenzte Dauer arbeiten, studieren und ggf. auch wohnen, 20.000 Einwohner. Bei einem lang gezogenen urbanen Funktionszentrum könnten auch 12 Boros damit verbunden sein (= 48.000 Einwohner und evtl. 12.000 >Gäste< = 60.000 Einwohner). Dies ist nicht wenig, weil hier nur der **unmittel- bar** um die urbanen Funktionszentren liegende Bereich gerechnet wird und nicht die ganzen >Eingemeindungen<, die im Allgemeinen die hohen Zahlen unserer Städte (in Deutschland) ergeben.

Von diesen speziellen Verknüpfungen erscheint es gut möglich, den historisch wertvollen Bereich unserer Städte in Telotopia zu erhalten und auf eine neue und bessere Weise fortzuführen. Die weiteren *heu- tigen* Stadtteile würden in Tclotopia wieder zu eigenen Zentren nach einem vergleichbaren Prinzip. Freilich ergäbe sich in dem Umfeld die- ser Zentren der Bedarf einer Ausdünnung der Bebauung und Besiede- lung, um eine Boro-Struktur zu schaffen – was sicherlich mit der Zeit ganz natürlich aus den Bedürfnissen der Bevölkerung selbst erwüchse. Der bisherige Andrang zu den Städten verknüpfte sich mit den dorti- gen Arbeitsplätzen, Funktionen und Verdienstmöglichkeiten, und da- für nahm man die oft schlechte Lebens-Qualität in den Vorstädten in

Kauf. Diese Vorteile bestehen in Telotopia in dieser Form nicht mehr. Im Gegenteil, das Leben in diesen Vorstadtgebieten wäre dort ziemlich unvorteilhaft, da man dort nicht zu viel selbst produzieren könnte und auch nur wenig Bedarf an den dortigen >Funktionen< bestünde, da dies schon (besser) von den eigentlichen Zentren abgedeckt wäre. So wären dort entsprechend wenig Einkünfte bzw. Vergütungen zu erhalten. Hier können die neuen Boros erheblich mehr an Lebens-Qualität und Unterhalts-Möglichkeiten bieten.

Die Funktionszentren haben in Telotopia effektiv den Sinn, dass man in ihnen Sachverhalte organisiert, die es jenseits der Boros nur punktuell braucht. Dies betrifft z.B. besondere Produktionsanlagen, besondere organisatorische Zentren, besondere Fachinstitute mit besonderen Museen, Fachbibliotheken und medizinischen Einrichtungen. Diese Anlagen werden als Gemeinschaftsprojekte der Boros eines Kreises oder einer Region und auf noch spezielleren Ebenen als Gemeinschaftsprojekte von Regionen und von Ländern organisiert.

Diese Funktionszentren können mit Boros verbunden sein. Doch als solche handelt es sich um klare Funktionslogiken wie hier bei einer Firma. Diese Funktionszentren werden im Auftrag der Boros geschaffen und unterhalten, und man begreift sie entsprechend als Teil der Kultur der Boros. Die Boros sind und bleiben hier die organisatorische Grundstruktur von Telotopia: als *die* menschlich handhabbare und steuerbare Verbindung zwischen Individuum und Gesellschaft. Es sind und bleiben die Boros, die letztlich die größeren Funktionszentren und auch die überörtliche Organisation regieren und bestimmen. Allein so bleiben die Verhältnisse menschlich, demokratisch und auch tatsächlich beherrscht und verfallen nicht wie in der historischen Entwicklung der Verselbständigung und also der kulturellen Verwahrlosung durch „Macht", Gewalt und sozialen Hierarchien, was man früher in den entsprechenden Inszenierungen auch noch für den Inbegriff von „Kultur" hielt. So sehr es in Telotopia auch größere (Funktions-) Zentren gibt, die von den Boros um bestimmter Funktionen willen oder aufgrund eines größeren Interesses in der Bevölkerung unterhalten werden, so bleiben diese doch von der Verfassung und Rechtsstruktur Telotopias von den Boros bestimmt und werden wie bei uns die Gewerbegebiete nicht wie in der Geschichte zu „Machtzentren", die auf der Ausbeutung von Land und Menschen basieren.

Ein größeres Funktionszentrum mit modernem Verkehrsmittel, das etliche Boros verbindet, die dieses Funktionszentrum organisieren.

4.4.3 Die Gesamtorganisation von Telotopia auf der Weltebene

Es ist erst die globale Verfassung der Boro-Anlage, die letztlich die notwendige allgemeine gesellschaftliche Stabilität schafft. Erst sie verhindert unter der Voraussetzung eines effektiv demokratischen Fundaments terroristische diktatorische Entwicklungen. Allein sie ermöglicht, neben Hightech die notwendigen Ausgleichsmomente zu schaffen, die in den Naturprozessen immer wieder anfallen, insbesondere bei Naturkatastrophen und klimatischen Umbrüchen. Es kann bei solch gravierenden Prozessen notwendig werden, dass ganze Regionen neu organisiert werden müssen. Dies wäre von einer bloßen Boro-Ebene und selbst einer bloßen Regional-Ebene her niemals möglich, was bei solchen Problemen wie in der Geschichte gar nicht anders als zu gewaltsamen Völkerwanderungen führen kann. Aus entsprechenden Gründen kam es bereits mit der Bronzezeit zu größeren Territorial-Systemen („Staaten").

In Telotopia gliedert sich die organisatorische Struktur in etwa wie folgt:

- die Boro-Ebene
- die Kommunal-Ebene   aus mehreren Boros
- die Kreis-Ebene
- die Bezirks-Ebene   (etwa die Regierungsbezirke)
- die Regional-Ebene   (etwa wie unserer Bundes-Länder)
- die Landes-Ebene   (wie heute mittlere Staaten)
- die Länderverbund-Ebene   (wie USA, Indien, China, Russland)
    - höhere Länderverbund-Ebene   als Untergliederung in Asien
- die Kontinental-Ebene   (wie Europa-Rat; Afrika usw.)
- die Welt-Ebene

Damit wäre in etwa der mit bestimmten Status-Formen verbundene strukturelle Aufbau benannt, der aufgrund der Entscheidungsstrukturen nötig ist (s.u.).

Aufgrund der Naturverhältnisse, die auch in Hinsicht auf das Bevölkerungsaufkommen wirksam sein können, kann es verschiedene Zwischenebenen geben. Insgesamt gilt hier das Prinzip, dass die höhere Ebene immer aus einer **überschaubaren** Anzahl von Verbänden der jeweils darunter bestehenden Ebene gebildet wird. Dabei wird man selten über 2 Dutzend hinausgehen. Dies könnte vor allem zur Folge haben, dass es zwischen der Boro- und der Kreis-Ebene eine Zwischenstufe gibt. Nach unten hin könnte in sehr menschenleeren Gegenden eine Boro auch gleichzeitig die Kreis-Ebene stellen. Das wäre für ihre Vertretung im Regional-Parlament von Relevanz. Ein reiner Schematismus führt hier nicht weiter. Es gehört zu der Organisationslogik in Telotopia, die Strukturen als *Mittel* der Organisation seiner Kommunikation zu begreifen und immer die jeweils sinnvollen und tauglichen Strukturen zu schaffen.

Es verhält sich in Telotopia im Prinzip auf jeden Fall so, dass eine überschaubare Anzahl von Boros einen >Kommunal-Verband< zwecks überörtlicher Kooperationen bilden, die in einem Gremium unter der Supervision von den Vertretern der Boros steht. Der weitere organisatorische Aufbau liegt hier ähnlich wie bei uns, nur dass das Prinzip von Telotopia von unten her auf den Boros aufbaut. So bildet eine überschaubare Anzahl von >Kreisen< die >Bezirks-Ebene<. Diese steht unter der Supervision von Vertretern der >Kreise<. Evtl. gibt es noch ein eigenes Kontrollgremium von Vertretern direkt aus den Boros. Eine überschaubare Anzahl von >Regionen< bildet einen >Landes-Verbund<, der unter der Supervision von Vertretern der Regionen steht, evtl. noch mit einem Kontrollgremium von Vertretern der Regionen und evtl. auch von Vertretern der Boros. In konfliktträchtigen Konstellationen können dem auch Mediatoren von der höheren Ebene oder auch neutraler Art zugeordnet werden. Dieses Schema setzt sich nach oben hin fort.

Ich gehe davon aus, dass dieser Überbau keine besondere Ausmaße annimmt und gut von unten kontrollierbar bleibt. Das setzt freilich voraus, dass der wesentliche Teil der materiell-organisatorischen Kultur Telotopias auf der Boro-Ebene und der Kreis-Ebene liegt und auch gewohnheitsrechtlich funktioniert.

Schon der Bezirks-Ebene kommt eher nur noch eine gewisse Koordinations-Ebene bzgl. einiger besonderer Aufgaben zu, so etwa im Umgang mit größeren Flüssen und in der Verwaltung von Firmen, die von ihrer speziellen maschinellen Ausrüstung her auf der Bezirks-Ebene arbeiten. Auf den noch höheren Ebenen dünnt sich dies quantitativ noch weiter aus. Ggf. lägen eine bestimmte Motoren-Produktion auf der Länder-Ebene und die Produktion der besonderen Computer-Teile wie die Prozessoren auf der Kontinental- oder gar auf der Welt-Ebene. Auf der höheren Ebene geht es im Wesentlichen um Produktionsbereiche, die in Firmen nach Vorgaben der demokratischen Willensbildung verfasst sind. Diese Firmen arbeiten wie hiesige Firmen, nur mit einem demokratisch bestimmten Produktionsumfang (Stückzahlen z.B. von Fahrzeugen) in einer ebenso bestimmten ökonomischen Ausstattung (ggf. auch für Forschungszwecke). Die politische Ebene verwaltet nicht diese Firmen. Sie bestimmt lediglich die Rahmenbedingungen: die Standorte, den Umfang der Aufträge, das Budget und kontrolliert, ob die Produktion in wünschenswerter Weise erfolgt (z.B. auch Arbeitsbedingungen, ökologische Konsequenzen usw.).

Auch dies ist im Wesentlichen gewohnheitsrechtlich angelegt, etwa bzgl. des Produktionsumfangs. Innovationen sind hier durchaus möglich, aber sie erfolgen hier nicht plötzlich, sondern werden hier fließend in den laufenden Prozess integriert. Dass ihr Einsatz also langsamer erfolgt, erscheint gemeinhin nicht als Problem.

Dies macht die Produktion und ihre Organisation bei den eingeführten Firmen verhältnismäßig einfach, und von hier aus ergeben sich nicht zu viele Ansprüche an die politische Verwaltung Telotopias. Von daher sollten auch die höheren Ebenen bei einem soliden demokratischen Fundament wie vor allem der vorgestellten Boro-Struktur auch beherrschbar bleiben.

Lexikon

In dem Lexikon-Teil werden einzelne Themen aufgenommen, in dieser Kurzfassung jedoch allein:

Zum telotopischen Recht auf Kinder

Wir haben es in gewisser Weise mit einer menschlichen Überbevölkerung zu tun, woraus sich etliche Zwänge und ökologische Problematiken ergeben. Diese Problematik der Überbevölkerung kann, wie die Geschichte belegt, nicht durch Gewalt, gelöst werden. Eine Lösung ist ausschließlich in einer solidarischen Aufnahme der daraus resultierenden Schwierigkeiten zu sehen.

Auch aus Gründen der Dauerhaftigkeit und der sozialen Stabilität ist für Telotopia ein weiterer Bevölkerungsanstieg ausgeschlossen. Daraus folgt der Grundsatz, dass das Recht auf Kinder im Allgemeinen auf 2 pro Frau begrenzt ist (es gibt jedoch kein Muss zu Kindern). Diese Zahl ist unter unseren Verhältnissen in der Tendenz ohnehin bereits gängig.

In Einzelnen ist die genaue Regelung in Telotopia eine Sache der jeweiligen Gebiete und Gegebenheiten. Wo insgesamt kein Bevölkerungswachstum und –Druck besteht, bedarf dieses Prinzip keiner strikten Regelung. Ggf. kann dem Wunsch zu mehr Kindern auch damit entsprochen werden, wo man zu einem Leben in Gebieten ohne höhere Bevölkerung bereit ist. Ggf. wäre eine solche Umsiedlung auch die Konsequenz, wo man in Gebieten mit einer strikten 2 Kinder-Regel gegen diese verstößt.

Dieses Prinzip der 2 Kinder-Regel bezieht sich auf den Zeitpunkt, bis die eigenen Kinder selbst zu Eltern werden. Sollte ein Kind jünger sterben, bestünde das Recht auf ein weiteres Kind.

Im Übrigen wird dieses Prinzip in Telotopia nicht als ein rein juristisches Thema gesehen. Es ist gut vorstellbar, dass die Frage nach dem Kinderwunsch unter den Jugendlichen (Quarta) und jungen Erwachsenen (Quinta) ein großes Thema ist, bei der auch die eigentliche statistische Kinder-Frage so gelöst wird, dass bei einem Wunsch nach mehr als 2 Kindern andere ein entsprechendes Weniger annehmen.

Da man in Telotopia in der Quinta-Stufe ohnehin meist gemeinschaftlich lebt und mit Kindern (jenseits von persönlichem Gut wie Fotos oder selbst gemachter Keramik) auch keine Erbschaften verbunden sind, sind Kinder (wie in alten Kulturen) ohnehin kein Thema der Geburt, sondern der realen zwischenmenschlichen Beziehungen.

Eine Wandmalerei

„Die Urhoffnung aller Geschichte geht auf eine echte, somit durchaus *gemeinschaftshaltige* Gemeinschaft des Menschengeschlechts."

Martin Buber: Der utopische Sozialismus, S. 241

Literatur und Hinweise

Es seien hier nur ein paar Hinweise zu Infos und Literatur geboten. Insgesamt ergeben sich viele weitere Hinweise, die in Bezug auf eine Neue Kultur von Bedeutung sind, waren oder sein könnten: im Rahmen von Geschichte, Ethnologie, Humanwissenschaften wie Psychologie und im kulturellen Bereich wie u.a. H.D. Thoreau, William Morris, Rudolf Steiner, der Expressionismus, Jugendstil, Bauhaus, Künstler wie van Gogh, Paul Gauguin, Hundertwasser usw. Etliches findet sich auch in Biographien. Persönlich finde ich die unterschiedlichsten Ansätze und Experimente anregend. Man mag dazu im Internet, in Bibliotheken und Buchhandlungen stöbern. Hier soll keine erschlagende Literatur-Liste aufgestellt werden.

Zu **Architektur** s. im Internet

> **Baumhaus**-Hotels
> **Tiny** House
> **Erdhügelhaus**

Moderne **Ökohaus**-Entwürfe (s. z.B. S. 82):
> **solar decathlon europe** (Wuppertal) – www.sde21./eu/de

Wikipedia (dort interessante Fotos unter Commons):

Erdhaus; speziell: Peter Vetsch (Architekt)
Earthschip (-Haus)
Wohnhöhle
Baumhaus
Tiny House Movement
Der **Tarotgarten** (Giardino dei Tarocchi, Toskana)
Hundertwasser (Künstler, auch Architektur)

B.F. **Skinner**: Futurum Zwei (Walden Two), Die Vision einer
   aggressionsfreien Gesellschaft, Reinbek 1972
Ernest **Callenbach**: Ökotopia, Berlin 1978
Aldous **Huxley**: Eiland. (London 1961), Piper München 1973

p.m.: bolo'bolo. Endgültige Ausgabe, Verlag Paranoia City, Zürich,
   1990
P.M. und Freunde: Olten – Alles Aussteigen, Ideen für eine Welt
   ohne Schweiz, Paranoia City Verlag, CH-Zürich, 1990

Theorie + Geschichte utopischer Projekte und Versuche

Marie Louise **Berneri**: Reise durch Utopia, Berlin 1982

Ferdinand **Seibt**: Utopica – Zukunftsvisionen aus der Vergangenheit.
   Aktualisierte Neuausgabe Orbis Verlag München, 2001
Time-Life Bücher: Visionen und Utopien, Eco Verlag Köln 1999

Hellmut G. **Haasis**: Spuren der Besiegten 1, Reinbek 1984
Gernot **Lennert**: Die Diggers - eine frühkommunistische Bewegung
   in der englischen Geschichte, Grafenau 1986
Jan **Peters** (Hg.): Die Geschichte alternativer Projekte von 1800 bis
   1975, Berlin 1980
Robert **Landmann**: Ascona Monte Veritá. Auf der Suche nach dem
   Paradies, Frankfurt/M, Berlin, Wien, 1979

Else **Bramesfeld** u.a. (Hg.): Gelebte Utopie – Aus dem Leben einer
   Gemeinschaft. Nach einer Dokumentation von Dore Jacobs,
   Klartext Verlag, Essen 1990
   - **war *ein sehr interessantes historisches Projekt!!***

Helen & Scott **Nearing**: Ein gutes Leben - Gegen den Strom,
   Reinbek 1984
Scott **Nearing**: Ein Leben gegen den Strom. Autobiographie,
   Schaafheim 1972

Peter **Maffay**: Hier und Jetzt: Mein Bild von einer besseren Zukunft, Köln 2020

Henry David **Thoreau**: Walden, oder Leben in den Wäldern, Zürich 1979

Günter **Zint** (Hg.): Republik Freies Wendland. Zweitausendseins, Frankfurt/M 1980

Ulf Erdmann **Ziegler**: Nackt unter Nackten. Utopien der Nacktkultur 1906 – 1942, Herrsching, 1992

Martin **Buber**: Der utopische Sozialismus, Köln 1967

Ernst **Bloch**: Das Prinzip Hoffnung. 3 Bände (1959) suhrkamp taschenbuch wissenschaft, Frankfurt/M, 6. Auflage 1979
- enthält einen >**Abriss der Sozialutopien**<

Christoph **Besemer**: Zurück zur Zukunft? Utopische Kommunen, Anspruch und Wirklichkeit, Auswertung historischer Erfahrungen, Berlin 1981

Rolf **Goetz**: Von der Landkommune zur Dorfgemeinschaft. Ökologische Modelle zwischen Anarchie und Spiritualität, Herford 1980

Dieter **Korzak**: Neue Formen des Zusammenlebens, Erfolge und Schwierigkeiten des Experiments >Wohngemeinschaft<, (Fischer Verlag), Frankfurt/M. 1979

Johann August **Schülein** (Hg.): Kommunen und Wohngemeinschaften – Der Familie entkommen? Eine Textsammlung, (Focus Verlag), Gießen 1978, 2. Aufl. 1979

Zu **Architektur**

Literatur, die ich mir in Verbindung mit meinen Arbeiten zu Telotopia
mal gekauft habe:

Jürgen **Tietz**: Geschichte der Architektur des 20. Jahrhunderts.
Könemann, Köln 1998
Pete **Nelson**: Neue Baumhäuser der Welt, Christian Brandstätter
Verlag, Wien 2009

James **Wines**: Grüne Architektur, herausgegeben von Philip Jodidio,
Taschen, Köln 2000
Clifford A. **Pearson**: Moderne amerikanische Einfamilienhäuser.
Ausgezeichnete Architektur aus vier Jahrzehnten (New York
1996). Callwey München 1998

Im **Taschen Verlag** Köln

Der Taschen Verlag produziert Bücher mit Farbbildern zu relativ
günstigen Preisen.

Deidi von **Schaewen** & John **Matzels**: Fantasy Worlds, Köln 1999
Außergewöhnliche Bauwerke

Charlotte & Peter **Fiell**: **William Morris**, Köln 1999
William Morris war ein Pionier der >alternativen< Kultur (s. Internet). Er
schrieb auch einen utopischen Roman >Erehwon<

Barbara & René **Stoeltie**: Landhäuser auf Mallorca. Köln 2000
In diesem Stil gab/gibt es im Taschen Verlag noch weitere Bücher

Über **Hundertwasser**:
Harry **Rand**: Hundertwasser. Verlag, Köln 1991
Pierre **Restany**: Die Macht der Kunst: Hundertwasser – Der
Maler-König mit den fünf Häuten, Köln 1998

Angela **Taschen** (Hg.) Hundertwasser Architektur. Für ein
natur- und menschengerechteres Bauen, Köln 2006

Psychologen, die sich mit Psychologie in Hinsicht auf Neue
Kultur befasst haben, z.B.:

Carl R. **Rogers**: Der neue Mensch (A Way of Being, Boston 1980),
Klett-Cotta, Stuttgart 1981, 10. Aufl. 2015

Erich **Fromm**: Haben oder Sein, Die seelischen Grundlagen einer
neuen Gesellschaft, 1979,24. Aufl. 1995
Erich **Fromm**: Leben zwischen Haben und Sein, (hg. von Rainer
Funk), Freiburg, Basel, Wien, 1993
Erich **Fromm**: Vom Haben zum Sein. Wege und Irrwege der
Selbsterfahrung (hg. von Rainer Funk), Weinheim, Basel
1989, 1991[4]

Horst Eberhard **Richter**: Lernziel Solidarität (1974), Reinbek 1979,
1982
Horst Eberhard **Richter**: Flüchten oder Standhalten, Reinbek 1976
Horst Eberhard **Richter**: Zur Psychologie des Friedens, (1982)
Reinbek 1984

Alexander **Lowen**: Der Verrat am Körper. Der bioenergetische Weg,
die verlorene Harmonie von Körper und Psyche wiederzu-
gewinnen, Reinbek 1982

M. Scott **Peck**: Gemeinschaftsbildung – Der Weg zu authentischer
Gemeinschaft. (Or. 1984 New York), eurotopia Buchversand,
Sieben Linden, Beetzendorf, 2. überarbeitete Auflage 2011

Marshall B. **Rosenberg**: Gewaltfreie Kommunikation, Eine Sprache
des Lebens, Junfermann-Verlag Paderborn, 2001, 8. Auflage
2009

In Hinsicht auf **Beziehung**:

Aaron **Kipnis** & Elizabeth **Herron**: Wilder Frieden. Das Experiment
   einer neuen Partnerschaft zwischen Frauen und Männern,
   Frankfurt/M 1995

Michael Lukas **Moeller**: Die Liebe ist das Kind der Freiheit; rororo,
   Reinbek bei Hamburg, 1990, 16. Aufl. 2008 (Rowohlt 1986)
   Von ihm weitere wichtige Bücher zur Paar-Kommunikation

Wolfgang **Schmidbauer**: Die Angst vor Nähe, Reinbek 1985

Gordon **Inkeles** & Murray **Todris**: Sensuele Massage (ndl.); Original
   1972 San Francisco; NL: Utrecht 1974
Margo **Anand**: Tantra. Die Kunst der sexuellen Ekstase, München
   1990, als Taschenbuchausgabe 1995

Philosophie, Ethnologie, Geschichte - z.B.:

Lewis **Mumford**: Mythos der Maschine, Kultur, Technik und Macht,
Die umfassende Darstellung der Entdeckung und Entwicklung der
Technik, Frankfurt/M 1977, 1986

Ivan **Illich**, Selbstbegrenzung, Eine politische Kritik der Technik,
   >Tools for Conviviality<, Reinbek 1975; 1980
   ein in den 1970ern bedeutendes Werk

Institut für Auslandsbeziehungen (Stuttgart) & Württembergischer
   Kunstverein: **Exotische Welten** – Europäische Phantasien,
   Edition Cantz, Stuttgart 1987 (mit einigen Ausstellungen in
   Stuttgart 1987)
   enthält eine Menge Material zu dem Komplex Utopie - Kolonialismus

Shuichi **Kato**: Geheimnis Japan. VGS Verlagsgesellschaft, Köln
   1992   - hier nur als ein Beispiel zu Ethnologie,
                   Kulturgeschichte und kulturelle Impulse

Chögyam **Trungpa**: Das Buch vom meditativen Leben, Die
Shambala-Lehre vom Pfad des Kriegers zur Selbstver-
wirklichung im täglichen Leben [Shambala, The Sacred Path
of the Warrior, 1984], Reinbek 1991

Joachim-Ernst **Berendt**: Nada Brahma. Die Welt ist Klang.
(Frankfurt/M 1983), rororo Reinbek bei Hamburg, 1983, 1997

Auch so ein Buch wie „Allein in der Wildnis" *von* Anne **LaBastille**
(1988; 990, 1994) *liefert interessante Aspekte.*

Zitierte Literatur

Emmanuel **Anati**: Höhlenmalerei, (1997), Düsseldorf 2002

Joachim **Bauer**: Prinzip Menschlichkeit. Warum wir von Natur aus
kooperieren (2006), TB: Heyne, München, 2014 [7]
Martin **Buber**: Der utopische Sozialismus, Köln 1967

Henning **Christoph**, Klaus E. **Müller** & Ute **Ritz-Müller**: Soul of
Africa - Magie eines Kontinents, Köln 1999
Fiona **Danks** & Jo **Schofield**: Spielplatz Natur – Mit Kindern die
Natur spielerische entdecken, erleben und gestalten, (Original
2005), AT-Verlag Baden, München, 2008

Jeff **Doring** (Hg.): Gwion Gwion. Dulwan Mamaa - Geheime und
heilige Pfade der Ngarinyin, Aborigines in Australien, Köln
2000
Erik H. **Erikson**: Identität und Lebenszyklus, Frankfurt/M 1966;
1973, 9. Aufl. 1985

Edoardo **Fazzioli**: Gemalte Wörter, 214 chinesische Schriftzeichen –
vom Bild zum Begriff, Wiesbaden 2003 (nach der 5. Auflage
von 1991; Original Milano 1986)
Erich **Fromm**: Die Kunst des Liebens. Großdruck Frankfurt/M,
Berlin 1989

Eluan **Ghazal**: Der heilige Tanz, Orientalischer Tanz und sakrale
Erotik, (Berlin 1995) München 1999
Daniel **Goleman**, Paul **Kaufman** & Michael **Ray**: Kreativität
entdecken (1997), dtv München, 1999, 2. Auflage 2000

Jane **Goodall** (& Philipp Berman): Grund zur Hoffnung. Autobio-
graphie, (Goldmann) München 2001
Michael **Haerdter** & Sumie **Kawai**: Butoh. Die Rebellion des
Körpers – Ein Tanz aus Japan, Berlin 1986, 3. Auflage 1998

Peter Michael **Hamel**: Durch Musik zum Selbst, Bern – München –
Wien, 1976

Harenberg Lexikon der Religionen: Die Religionen und
Glaubensgemeinschaften der Welt, Redaktion Berthold
Budde und Christine **Laue-Bothen**, Dortmund 2002

Johan **Huizinga**: Homo Ludens, Vom Ursprung der Kultur im Spiel,
Hamburg, (1956), 1981

Gerald **Hüther**: Was wir sind und was wir sein könnten – Ein
neurobiologischer Mutmacher, S. Fischer Verlag Frankfurt/M
2011; Fischer Taschenbuch 2013, 2017 [8]
Gerald **Hüther** & Christoph **Quarch**: Rettet das Spiel! Weil Leben
mehr als Funktionieren ist. Hanser Verlag München, 2016

Klaus **Lankheit**: Dokumentarische Neuausgabe von: Wassily
Kadinsky, Franz Marc, Der Blaue Reiter, München 1965,
überarbeitete Neuausgabe 1984 (1994)

Roger **Lewin**: Spuren der Menschwerdung. Die Evolution des Homo
sapiens, Heidelberg 1992
Jean **Liedloff**: Auf der Suche nach dem verlorenen Glück - Gegen
die Zerstörung unserer Glücksfähigkeit in der frühen
Kindheit, München 1980, überarbeitete Auflage 1987

Ilse **Loesch**: Mit Leib und Seele. Erlebte Vergangenheit des
   Ausdruckstanzes, Berlin (DDR) 1990

Helma **Marx**: Das Buch der Mythen (aller Zeiten aller Völker).
   Verlag Styria Graz, Wien, Köln & Eugen Diederichs Verlag
   München, 1999
John **McCrone**: Als der Affe sprechen lernte. Die Entwicklung des
   menschlichen Bewusstseins. Frankfurt/M 1992

Reinhold **Messner**: Dolomiten (Tappeiner Verlag [evtl. Meran,
   Italien], überarbeitete Auflage 2004
Daniel **Popp** & Jean-Luc **Manaud**: Die Wüste leuchtet. Zu Fuß
   durch die Sahara, München 2001

Horst Eberhard **Richter**: Flüchten oder Standhalten, Reinbek bei
   Hamburg, 1976
Oliver **Sacks**: Der Mann, der seine Frau mit einem Hut verwechselte.
   Rowohlt Taschenbuch Verlag, Reinbek bei Hamburg 1990
   (1994)   (Original New York 1985)

Wolf **Schneider**: Wir Neandertaler, Der abenteuerliche Aufstieg des
   Menschengeschlechts, (Hamburg, Gütersloh o.J.)

Manfred **Spitzer**: Lernen: Gehirnforschung und die Schule des
   Lebens. Spektrum Akademischer Verlag Heidelberg – Berlin,
   (2002), korrigierter Nachdruck 2003

Verena **Stefan**: Häutungen, München 1975, 1981
Antje **Tesche-Mentzen** & Herlinde **Koelbl**: Kunst von Kindern,
   München 2002

Henry David **Thoreau**: Walden, oder Leben in den Wäldern, Zürich
   1979
Désirée v. **Trotha**: Heisse Sonne Kalter Mond. Tuareg-Nomaden in
   der Sahara. München 2001, 2. Auflage 2002

Frank Robert **Vivelo**: Handbuch der Kulturanthropologie. Eine
   grundlegende Einführung. Stuttgart 1981, München 1988

Literatur von Christoph W. Rosenthal

- **Die Humanevolution war ganz anders** – Eine überfällige Revision, Remscheid, 2018 Version (1.1 März 2019)

- **Zur Evolution von Selbststeuerung, Liebe, Kommunikation & Kultur**. Januar 2021

- **Die kopernikanische Wende unseres Weltgeschichts-Bildes**, Remscheid, 2018 (Version 1.2 Januar 2023)

- **Die Mesolithische Revolution** – die Begründung der historischen Entwicklung. Remscheid; 2021

- **Kulturologie.** Die Wissenschaft bzgl. der Software-Struktur des Menschen. 2021

usw.

Edition Neue Kultur

www.edition-neue-kultur.de

Materialien zu Geschichte und der Neuen Kultur.
Ein Label der Werkstatt Neue Kultur (WNK)

WNK-Schriften   :

- Sprache beherrschen – Kommunikation, Denken & Bewusstsein
- Kommunikation – Zur Evolution von Sprache und der Entstehung der kommunikativen Probleme

Weitere Materialien in Vorbereitung